DE CHAIR ET D'ÂME

DU MÊME AUTEUR
CHEZ ODILE JACOB

Parler d'amour au bord du gouffre, 2004.
Le Murmure des fantômes, 2003.
Les Vilains Petits Canards, 2001.
Un merveilleux malheur, 1999.
L'Ensorcellement du monde, 1997.
Les Nourritures affectives, 1993.

BORIS CYRULNIK

DE CHAIR ET D'ÂME

15, rue Soufflot, 75005 Paris

ISBN : 2-7381-1841-0

www.odilejacob.fr

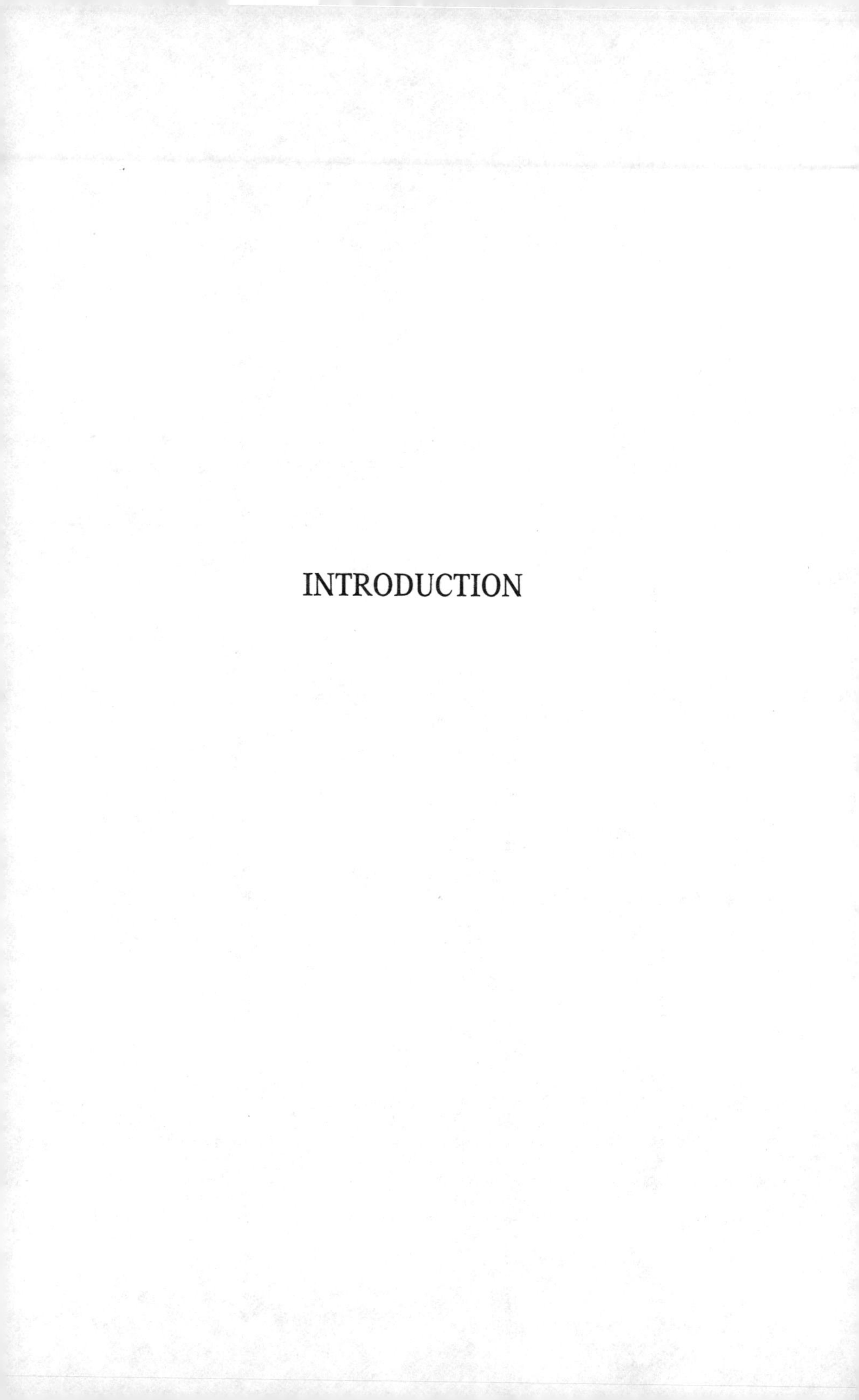

INTRODUCTION

Un jour, il y a longtemps, j'ai connu des savants étranges et bienveillants. Quand je me suis présenté dans le service de neurochirurgie parisien où je venais d'être nommé, j'ai vu se diriger vers moi le patron et son assistant. Ils boitaient tous les deux.

Un peu plus tard sont arrivés l'interne, l'externe et les infirmières. Eux aussi boitaient. Je n'ai pas osé m'en étonner à voix haute, mais, croyez-moi, ça fait un drôle d'effet de voir tout un service de médecins, de chercheurs et de psychologues se déplacer en boitant, tous en même temps !

J'ai passé un an dans ce service au contact de gens passionnants. Ils connaissaient tout sur le cerveau : son anatomie, son fonctionnement, les troubles précis provoqués par des blessures et parfois le moyen de les réparer. Ils savaient utiliser des machines merveilleuses qui captaient l'électricité des neurones et d'autres qui transformaient en couleurs les zones cérébrales au moment où elles travaillaient intensément. Ils pouvaient prédire, simplement en regardant l'image du cerveau, quel mouvement s'apprêtait à faire la personne observée ou quelle émotion elle ressentait avant même qu'elle en prenne conscience !

Au bout d'un an, une gentille secrétaire m'a dit que mon contrat ne serait pas renouvelé. J'ai cru comprendre à ses demi-mots qu'on me reprochait de ne pas boiter.

Par bonheur, j'ai aussitôt trouvé un autre engagement dans un service de psychiatrie des Alpes-de-Haute-Provence. Quand je me suis présenté, j'ai vu au fond du couloir que le patron et son assistant se dirigeaient vers moi pour m'accueillir. Ils boitaient eux aussi, mais pas du même pied. Ça fait un drôle d'effet de constater que tant de médecins, de chercheurs et de psychologues marchent côte à côte en boitant. Je me suis demandé pourquoi ils ne boitaient pas du même pied.

Ils étaient passionnants, ces praticiens. Ils connaissaient tout de l'âme : sa naissance, son développement, ses conflits intrapsychiques, ses souterrains et les moyens de les explorer.

J'ai passé un an au contact de ces merveilleux savants. Mais, quand une gentille secrétaire m'a dit que mon contrat ne serait pas renouvelé, j'ai cru comprendre à ses demi-mots qu'on me reprochait, encore une fois, de ne pas boiter. J'ai été très irrité.

J'ai donc décidé de protester auprès du Conseil national des praticiens présidé par le professeur Joël Moscorici, le grand psychanalyste, et Donald Grosslöcher, le neurochirurgien. J'étais très intimidé en les attendant dans la pompeuse salle du conseil et, quand je me suis levé pour les accueillir, j'ai été stupéfait de voir qu'ils boitaient eux aussi, mais chacun de son pied.

Quand la sentence fut prononcée, j'ai entendu qu'en effet on ne pouvait me garder ni en neurologie ni en psychiatrie puisque je ne boitais pas.

Alors j'ai dit : « Détrompez-vous, messieurs les académiciens ! Si vous croyez que je marche droit, c'est parce que je boite des deux pieds [1]. »

Mon aveu les dérouta et intrigua le professeur Mutter de Marseille, qui participait au jury et fut fort intéressé car il n'avait jamais vu quelqu'un boiter des deux pieds. Il se demanda si cette démarche étrange ne pourrait pas, à l'occasion, produire quelque nouvelle idée et m'invita à travailler avec lui.

À cette époque, les neurologues méprisaient les psychiatres qui proposaient des psychothérapies à des patients souffrant de tumeurs cérébrales. Et les psychiatres s'indignaient quand ils constataient qu'on pouvait soulager en quelques entretiens des personnes dont le cerveau avait été fouillé par des machines pas toujours merveilleuses.

Chacun boitait de son pied, voilà tout, et s'appuyait de préférence sur une jambe hypertrophiée, ignorant l'autre qui s'atrophiait.

Ce livre est le résultat du cheminement particulier de quelques randonneurs qui ont boité des deux pieds sur des sentiers de chèvres [2].

1. Fable inspirée par Michel Piquemal, *Les Philo-Fables*, Paris, Albin Michel, 2003, p. 72-73.

2. Cyrulnik B., « Les sentiers de chèvres et l'autoroute », *in* V. Duclert, *Quel avenir pour la recherche*, Paris, Flammarion, 2003, p. 70-79.

Épistémologie de la ratatouille

> « Ceux qui croient en la matérialité de l'âme pensent comme des vaches.
> – Ceux qui croient que l'âme n'a pas de substance pensent encore plus mal. »
>
> SARAHA (CA. IXe siècle ap. J.-C.) [3]

Depuis la Grèce classique, l'Occident a distingué l'énergie animale qui animait le corps et l'a opposée à la raison qui gouvernait l'âme. Une telle position a facilité l'étude du corps, comme une chose, et favorisé de belles envolées sur les âmes éthérées.

Descartes, accusé de dualisme, a lancé une passerelle en arrimant l'âme sans substance à la bitte de l'épiphyse, en plein milieu du cerveau. Cet amarrage difficile a concouru à la représentation d'un homme coupé en deux : la matière de son corps liée par une ficelle à son âme immatérielle.

Les étonnantes performances techniques des images du cerveau associées à la clinique neurologique et à la psychologie permettent aujourd'hui d'aborder le problème d'une autre manière. En questionnant des chercheurs de disciplines différentes, on peut éclairer les problèmes suivants [4] :

3. Proverbe de sagesse certainement populaire inspiré par F. Varela, E. Thompson, E. Rosch, *L'Inscription corporelle de l'esprit*, Paris, Seuil, 1993.

4. L'ordre des chapitres me paraît logique, mais il est possible de les lire en désordre si l'on veut éviter quelques pages techniques et s'intéresser plutôt aux pages existentielles.

- Certains parmi nous paraissent invulnérables. Ils supportent en riant les inévitables pertes et blessures de l'existence. On vient de leur trouver un gène qui facilite le transport de la sérotonine, un neuromédiateur, une substance qui lutte contre les émotions dépressives. Existerait-il un gène de la résilience ? Les petits transporteurs de sérotonine seraient-ils capables d'organiser un style d'existence paisible qui leur éviterait la dépression et les épanouirait quand même ?
- Une pensée facile nous conduit à croire que, lorsqu'on est malheureux, il suffit de se réfugier dans les bras du bonheur. L'organisation cérébrale jette une ombre sur cette idée trop claire. Les circuits neurologiques de la douleur aboutissent dans des zones cérébrales qui côtoient les aires des émotions heureuses. L'aiguillage des informations est dévié pour un rien. Une rencontre affective, un simple mot ou un circuitage des neurones tracé lors des petites années, peut nous faire passer du bonheur au malheur.
- Quand l'archipel de l'Inconscient a été découvert au XIXe siècle, Freud en abordant l'île du Refoulement avait pressenti que, dans la brume au loin, se dessinaient les falaises du « Roc du Biologique [5] ». Les neurosciences, à cette époque, ne permettaient pas une navigation dans ces eaux lointaines. Mais,

5. Freud S., « Analyse terminée et analyse interminable », *Revue française de psychanalyse*, n° 1, 1937, p. 3-38.

aujourd'hui, la neuro-imagerie [6] et les données éthologiques [7] envoient des sondes dans ces profondeurs. L'explorateur découvre alors un autre inconscient, biologique celui-là, différent de l'inconscient freudien et pourtant associé de manière conflictuelle, comme deux chevaux qui tirent un même attelage dans des directions opposées [8].

- Curieuse contrainte de la condition humaine : sans la présence d'un autre nous ne pouvons pas devenir nous-mêmes, comme le révèlent au scanner les atrophies cérébrales des enfants privés d'affection. Pour développer nos aptitudes biologiques nous sommes obligés de nous décentrer de nous-mêmes afin d'éprouver le plaisir et l'angoisse de visiter le monde mental des autres. Pour devenir intelligents, nous devons être aimés. Le cerveau qui était la cause de l'élan vers le monde extérieur devient ici la conséquence de nos relations. Sans attachement, pas d'empathie. Le « je » ne peut pas vivre seul [9]. Sans empathie nous devenons sadiques, mais trop d'empathie nous mène au masochisme.
- La vieillesse qui vient de naître n'est plus ce qu'elle était. La représentation du temps se dilate quand les âgés se préoccupent de l'infini et se rappellent

6. Neuro-imagerie : photos du cerveau statique produites par le scanner, ou dynamique, produites par la résonance magnétique nucléaire (RMN).

7. Éthologie : biologie du comportement. Méthode comparative qui intègre des données génétiques, neurologiques, psychologiques, sociologiques et linguistiques. Attitude pluridisciplinaire qui permet d'étudier les êtres vivants (animaux et humains) dans une optique évolutive.

8. Platon, « Phèdre », *Œuvres complètes*, t. IV, Paris, Les Belles Lettres, 1961, p. 79-81.

9. Perrin F., « Le Jeu du Je ou l'éclat du Je éclaté », master II, Sciences du langage, Nice, 2006.

leur long passé. Leur mémoire différente renforce leur identité, optimise ce qu'ils savaient déjà et renonce à ce qu'ils avaient faiblement acquis. Ils redécouvrent Dieu dont ils font une base de sécurité. Tandis que la neuromusicologie nous explique le mystère d'un homme qui doit être à la fois neurologique, émotionnel et profondément culturel, nous proposant ainsi une nouvelle théorie de l'Homme.

Jusqu'à présent, nous avons fabriqué une représentation d'homme coupé en deux morceaux séparés. Or un homme sans âme n'est pas plus concevable qu'une âme sans homme.

Peut-être à la fin du livre pourra-t-il marcher sans boiter ?

I

LES DOUILLETS AFFECTIFS

Au bonheur des pensées paresseuses

La pensée paresseuse est une pensée dangereuse puisque, prétendant trouver la cause unique d'une souffrance, elle aboutit à la conclusion logique qu'il suffit de supprimer cette cause, ce qui est rarement vrai. Ce genre de raisonnement est tenu par ceux qui sont soulagés dès qu'ils trouvent un bouc émissaire : il suffit de le sacrifier pour que tout aille mieux. La pensée du bouc émissaire est souvent sociobiologique : il suffit d'enfermer les tarés ou de les empêcher de se reproduire, il suffit de rendre les familles responsables de ce qui ne va pas, il suffit de séparer les enfants de leur mère mortifère.

Le cheminement de la biologie de l'attachement qui intègre des données venues de disciplines différentes peut éviter de tels raisonnements couperets. Et la notion de vulnérabilité va me permettre d'illustrer comment ce mot perd son pouvoir de bouc émissaire quand il est abordé de manière à la fois biologique et sentimentale

Depuis vingt-cinq ans, on trouvait dans la presse psychologique un nombre croissant de travaux sur la vulnérabilité. Il convenait donc de réfléchir à son antonyme, l'invulnérabilité [1]. Dès la préface, le psychanalyste James Anthony écrit qu'« il n'y a pas d'enfant invulnérable » et qu'« il a préféré le terme d'invulnérabilité à celui de résilience afin de frapper l'esprit des lecteurs ».

Ce coup fut réussi. Tous les auteurs ont critiqué cette notion en précisant que le contraire de « vulnérabilité » n'est pas « invulnérabilité » mais « protection ». Chaque âge possède sa force et sa faiblesse, et les moments non « vulnérés », non blessés de l'existence sont explicables par une maîtrise des facteurs de développement, génétiques, biologiques, affectifs et culturels, en constants remaniements [2]. Être invulnérable voudrait dire impossible à blesser ! Comment voulez-vous que ce soit possible ? Même les enfants trop protégés « peuvent se montrer vulnérables, alors que d'autres, soumis à des événements chocs, ont la possibilité de ne pas se désorganiser et de continuer à se construire apparemment sans dommage [3] ». La meilleure protection consiste à éviter les chocs qui détruisent autant qu'à éviter de trop s'en protéger ! Les chemins de vie se situent sur une crête étroite, entre toutes les formes de vulnérabilités, génétiques, développementales, historiques et culturelles. Cette maîtrise des vulnérabilités ne parle pas de résilience puisque par définition, pour résilier un malheur passé, il faut justement avoir été vulnéré, blessé, traumatisé, effracté,

1. Anthony E. J., Cohler B. J., *The Invulnerable Child*, New York-Londres, The Guilford Press, 1987.

2. Visier J.-P., « Vulnérabilité », *in* D. Houzel, M. Emmanuelli, F. Moggio (eds), *Dictionnaire de psychopathologie de l'enfant et de l'adolescent*, Paris, PUF, 2000.

3. *Ibid.*

déchiré, avoir subi ces mots qui traduisent le verbe grec *titrôskô* (traumatisme) [4]. On peut aussi découvrir en soi et autour de soi quelques moyens qui permettent de revenir à la vie et de reprendre un développement, tout en gardant la blessure dans sa mémoire. Là, on parlera de résilience.

La résonance : trait d'union entre l'histoire de l'un et la biologie de l'autre

Un trait morphologique ou une conduite génétiquement déterminée détermine à son tour les réponses parentales. Mais les répliques adaptatives dépendent de la signification que le parent attribue à ce trait [5]. L'apparence morphologique ou comportementale de l'enfant éveille un souvenir dans l'histoire parentale et cette évocation organise la réponse affective avec laquelle le parent enveloppe son petit. Un segment de réel vibre différemment selon la structure du milieu. Un trait anatomique ou tempéramental, un geste ou une phrase résonnent différemment selon la signification qu'ils prennent dans un esprit et pas dans un autre, dans une culture et pas dans une autre.

Les jumeaux réalisent des expérimentations naturelles, parfaitement éthiques puisque ce n'est pas l'observateur qui les a construites. Quand madame Deb... a mis

4. Theis A., « Approche psychodynamique de la résilience », thèse, Nancy, 20 janvier 2006.

5. Fonagy P., « The interpersonal interpretative mechanism : The confluence of genetics and attachment theory in development », *in* V. Green (ed.), *Emotional Development in Psychoanalysis. Attachment Theory and Neuroscience*, New York, Brunner-Routledge, 2003, p. 107-126.

au monde ses deux jumelles, elle ne savait pas qu'elles seraient si différentes. Dès les premiers jours, la jeune mère a constaté que l'une était douce et faisait avec ses mains de jolis mouvements de danseuse javanaise, alors que l'autre, vive, fronçait les sourcils et sursautait au moindre bruit. Elle décida d'appeler la danseuse quelque chose comme « Julie la Douce » et la fonceuse, « Giuletta la Vive ». Puis elle expliqua à son mari que « Julie la Douce » aurait besoin de plus d'affection que « Giuletta la Vive » qui lui semblait costaude. Le mari accepta cette prédiction qui se réalisa sous forme d'interactions différentes avec chaque bébé. Julie la Douce fut très entourée puisque sa douceur signifiait pour la mère qu'elle avait besoin d'affection, et Giuletta la Vive fut tenue à distance. Un jour, le mari déclara à sa femme qu'il avait l'impression qu'elle ne s'occupait pas de la même manière des deux jumelles. Madame Deb... expliqua que cette différence était nécessaire puisque Julie la Douce était plus vulnérable. Elle ajouta : « Je me vois, moi, petite. Alors je la prends automatiquement dans mes bras... Giuletta est plus forte, elle a moins besoin de moi... Elle me laisse plus d'espace... Quand elle pleure, je lui dis simplement : " Dors. " » Chaque enfant, née de la même mère, au même moment, dans un même contexte parental, se développait pourtant dans des mondes sensoriels différents. Julie la Douce vivait dans un entourage où les rescousses étaient rapides et les enveloppes chaleureuses, alors que Giuletta se développait dans un alentour où le soutien affectif arrivait tardivement et où l'enveloppe du corps maternel se tenait à distance.

Les traits tempéramentaux différents de chaque petite fille évoquaient un souvenir maternel différent. L'expression des émotions de la mère composait une enveloppe sensorielle, adaptée à chaque enfant : prendre dans les bras, sourire, parler, sécuriser avec plaisir drapaient Julie la Douce dans une étoffe chaleureuse. Chaque geste trouvait sa raison d'être dans l'histoire maternelle : « Quand j'étais petite j'avais toujours l'impression de ne pas être aimée... je me disais que, moi, quand je serai grande, je saurai aimer un enfant... Giuletta a moins besoin de moi, elle satisfait moins mon besoin d'aimer... »

L'histoire de la mère attribue une signification particulière aux traits de tempérament. On peut dire que l'enveloppe de signifiants qui tutorise les développements biologiques de l'enfant trouve ses raisons d'être dans l'histoire de la mère. C'est ainsi qu'un trait de tempérament, génétiquement déterminé, est entré en résonance avec l'histoire maternelle.

Dans vingt ans, Julie la Douce affirmera : « On avait une mère étouffante d'amour. » Giuletta la Vive alors s'indignera en rappelant : « On avait beau pleurer, elle nous laissait seules dans notre coin. »

Un trait comportemental peut aussi entrer en résonance avec un récit culturel : une petite population de jumeaux monozygotes séparés dès la naissance et élevés dans des milieux différents a été suivie au moyen de tests comportementaux et psychologiques.

Ces enfants qui partagent le même équipement génétique ne partagent pas du tout le même milieu de développement. On voit pourtant apparaître, à chaque évaluation, des traits communs de plus en plus affirmés [6].

6. Lykken D. T., McGue M., Tellegen A., Bouchard T. J., « Emergenesis : genetic traits that may not run in families », *American Psychologist*, 47, 1992, p. 1565-1577.

On a même la surprise d'observer des styles d'attachement identiques alors que les jumeaux ont eu des parents adoptifs différents, des milieux différents et ne se sont jamais rencontrés. Les monozygotes élevés séparément acquièrent une manière d'aimer, un attachement de même style, plus fréquemment que les jumeaux dizygotes, eux aussi élevés séparément [7].

En arrêtant le recueil des données maintenant, nous pourrions nous convaincre que les gènes nous gouvernent. Mais, en associant des cliniciens avec ces généticiens, nous parvenons à un résultat plus nuancé. Il suffit de faire le travail inverse et d'étudier des enfants de familles différentes élevés par une « mère » commune. Ce fut le cas en Israël pendant deux générations où des enfants de diverses familles ont été élevés dans les kibboutzim par des mères professionnelles, des « Metapelets » qui vivaient avec eux. Les enquêtes de comportements d'attachement, les questionnaires et les entretiens permettent d'affirmer que ces enfants ont acquis un style d'attachement comparable. Dans certaines familles professionnelles, il y a eu beaucoup d'attachements distants, dans d'autres, c'est l'attachement sécure qui s'est le mieux tissé, dans d'autres enfin, l'attachement ambivalent a été majoritaire. L'acquisition de ces attachements différents dépend des styles interactifs [8] bien plus que de la génétique. Le déterminant biologique n'a pas empêché le milieu de marquer son empreinte et d'orienter l'acquisition d'un style affectif.

7. Finkel D., Wille D., Matheny A. P., « Preliminary results from a twin study of infant-caregiver attachment », *in* J. Cassidy, P. R. Shaver (eds), *op. cit.*, p. 2003.

8. Sagi A., Van IJzendoorn M. H., Aviezer O., Donnell F., Koren-Karien E. N., Harel Y., « Attachments in multiple-caregiver and multiple-infant environment : the case of the Israeli Kibbutzim », monographie de la société pour la *Research in Child Development*, 60, n° 2-3, Serial n° 244, 1995, p. 71-91.

Pour expliquer cette opposition apparente, on peut dire qu'on a sous-estimé la génétique au nom d'un combat idéologique. On jugeait moral de ne pas avoir à rabaisser l'homme à ses déterminants matériels. Et l'on a tout autant sous-estimé l'importance de l'environnement qui marque son empreinte dans la matière cérébrale et façonne sa manière de percevoir le monde.

L'immense variabilité commence dès le niveau génétique. Le fait que tous les humains possèdent un œil de chaque côté du nez est inéluctablement déterminé par la génétique. Mais la couleur des yeux, très variable, est elle aussi génétiquement déterminée [9]. L'héritabilité est une hérédité qui s'exprime de manière changeante. Dès le départ de l'aventure humaine, à chaque stade de notre développement, nous devons passer des transactions avec notre entourage, de moins en moins biologique et de plus en plus affectif et culturel.

Le gène du surhomme

Le déterminant génétique de la vulnérabilité a été détecté pour la première fois chez les êtres humains [10] et l'année suivante chez les singes [11]. Il s'agit d'une région

9. Westen D., *Psychologie. Pensée, cerveau et culture*, Bruxelles, De Boeck Université, 2000, p. 149.

10. Lesch L. P., Bengel D., Heils A., Sabol S. Z., Greenberg B. D., Petri S., Benjamin J., Muller C. R., Hamer D. H., Murphy D. L., « Association of anxiety-related traits with a polymorphism in the serotonin transporter gene regulatory region », *Science*, 274, 1996, p. 1527-1531.

11. Lesch L. P., Meyer J., Glatz K., Flugge G., Hinney A., Hebebrand I., Klauck S. M., Poutska F., Bengel D., Mossner R., Riederer P., Heils A., « The 5-HT transporter gene-linked polymorphic region (5-HTTLPR) in evolutionary perspective : alternative biallelic variation in rhesus monkeys », *Journal of Neural Transmission*, 104, 1997, p. 1259-1266.

localisée sur le chromosome 17 où des allèles permettent l'association de deux gènes ayant des emplacements identiques sur chaque chromosome. Les allèles façonnent les protéines cellulaires qui les entourent, en les dépliant ou en les torsadant, ce qui leur donne une forme particulière. Il s'ensuit que certains gènes, en façonnant des protéines longues, leur permettent de transporter beaucoup de sérotonine (5-HTT Long) alors que d'autres deviendront de petits transporteurs de sérotonine (5-HTT Short). On sait que la sérotonine joue un rôle majeur dans l'humeur gaie ou dépressive. En quantité suffisante, elle favorise la transmission synaptique et stimule les désirs, la motricité, le traitement des fonctions cognitives, la vivacité des apprentissages. Elle peut modifier l'appétit, régulariser les stades du sommeil lent et augmenter les sécrétions neuroendocriniennes. Quand un organisme transporte et utilise la sérotonine, les gens disent qu'« ils se sentent bien ». C'est cette fonction qui est utilisée par les médicaments « antidépresseurs ». En effet, les humains et les singes petits transporteurs de sérotonine sont plus lents et plus paisibles lors des jeux et des compétitions hiérarchiques. En cas d'événement stressant, ils réagissent de manière plus émotionnelle et désorganisent leurs interactions pendant un temps plus long que les gros transporteurs. « Un rien les blesse », pourrait-on dire.

Si l'on arrête notre raisonnement à ce stade de la connaissance, on va croire que les généticiens viennent de découvrir le déterminisme de la dépression : les petits transporteurs de sérotonine auraient une aptitude génétique à faire des dépressions pour un rien. Mais, si l'on va chercher d'autres informations dans d'autres disciplines, on en déduira que les généticiens viennent de mettre en lumière un déterminant, parmi mille autres.

Commentant l'imagerie fonctionnelle cérébrale d'une petite population, le neuroradiologue a précisé que certains sujets « allumaient » l'extrémité antérieure du rhinencéphale (cerveau des émotions) plus facilement que d'autres [12]. Les généticiens ont alors précisé que ceux qui manifestaient une hyperactivité de l'amygdale rhinencéphalique étaient justement les petits porteurs de sérotonine, ceux qui sont alertés pour un rien [13].

Cette neuro-imagerie risque de nous faire croire que le gène qui gouverne le transport de la sérotonine commande aussi le fonctionnement du cerveau des émotions. Mais, si l'on associe un neuropédiatre à cette recherche, il nous expliquera que la création de contacts dendritiques entre les cellules nerveuses crée des circuits neuronaux courts *. Ce « circuitage » qui se fait à une vitesse folle [14] (200 000 neurones par heure au cours des premières années de la vie) est une réponse du système nerveux qui s'adapte aux stimulations du milieu. Ce qui revient à dire que les informations sensorielles qui entourent l'enfant vont façonner une partie de son cerveau en établissant de nouveaux circuits.

Quand la mère meurt, tombe malade ou déprime et que sa famille ou sa culture n'organisent pas de substitut maternel, le milieu sensoriel de l'enfant est très appauvri.

12. Les quelques références neurologiques indiquées par le signe (*) sont illustrées par des schémas p. 249.

13. Haïri, *Arch. Gen. Psychiatry*, cité par Gina Devau, Inserm U-710, séminaire « Biologie de l'attachement », Ardix, Paris, 14 décembre 2005.

14. Évrard P., « Stimulations et développement du système nerveux », *in* J. Cohen-Solal, B. Golse, *Au début de la vie psychique. Le développement du petit enfant*, Paris, Odile Jacob, 1999, p. 80.

La création des circuitages cérébraux courts est ralentie. L'appauvrissement du milieu, à cause de la souffrance maternelle ou de la défaillance culturelle, explique une partie des atrophies fronto-limbiques *. Ces enfants qui se trouvent en situation de carence affective sont privés de stimulations biologiques initiales.

Une autre cause d'atrophie localisée du lobe préfrontal est attribuable à la modification des substances dans lesquelles baigne le cerveau. Il y a trente ans, on ne pouvait pas parler d'alcoolisme fœtal parce que l'idéologie de l'époque voulait que l'enfant arrive au monde à l'état de cire vierge. Le simple fait d'attribuer à l'alcoolisme maternel les discrètes malformations du crâne et du visage de l'enfant était considéré comme une pensée politique qui aurait prétendu que le nouveau-né entrait dans la vie avec une infériorité biologique.

Aujourd'hui, on demande aux mères de ne pas boire d'alcool, de ne pas fumer et de ne pas prendre de cocaïne de façon à ne pas induire une malformation du développement des circuits courts des neurones cérébraux et du massif cranio-facial. Lorsque ces substances perturbent la croissance et le circuitage des neurones, l'enfant acquiert une sensibilité étrange au monde qui l'entoure. Son cerveau modifié traite mal les informations, contrôle mal les émotions et y répond par des comportements mal adaptés qui rendent difficiles les rituels éducatifs.

Une troisième cause de ces atrophies localisées provient des molécules du stress que sécrète l'enfant sous l'effet des conditions environnementales et qui font éclater le corps cellulaire des neurones.

Cerveau, pâte à modeler et culture

Ces notions récentes de neurobiologie démontrent que l'idéologie, l'histoire des idées et les croyances pittoresques ne sont pas étrangères à la manière dont nous construisons nos connaissances. La poussée des neurones (au sens végétal), la connexion des corps cellulaires, l'arborisation des dendrites, le modelage des synapses *, tout ce câblage électrique et chimique est le résultat de la rencontre entre un point de départ génétique qui donne le cerveau et un bain sensoriel organisé par les comportements parentaux. Or ces gestes et ces rituels qui entourent le nourrisson et structurent une partie de son cerveau trouvent leur raison d'être dans l'histoire parentale et les règles culturelles !

Il se trouve que cette idée a déjà été clairement exprimée par Freud à propos du frayage : « L'excitation d'un neurone [en passant] à un autre doit vaincre une certaine résistance... [par la suite] l'excitation choisira la voie frayée de préférence à celle qui ne l'est pas [15]. »

L'étude de la migration des neurones montre aujourd'hui clairement que les « axones pionniers » envoient des arborisations de dendrites circuitées par les interactions quotidiennes. Les axones partent à la recherche d'autres neurones avec lesquels ils établissent des voies facilitées, confirmant ainsi l'intuition freudienne.

15. Laplanche J., Pontalis J.-B., *Vocabulaire de la psychanalyse*, Paris, PUF, 1967, p. 172.

La prolifération neuronale devient tellement épaisse que le cortex se plicature comme un papier froissé en boule pour tenir dans la boîte crânienne. Le frayage des neurones reste prodigieux lors des petites années où le poids du cerveau est multiplié par quatre en un an. Puis sa croissance se ralentit avant de connaître une réactivation lors de la puberté où se produit un « émondage synaptique et dendritique [16] » sous le double effet du surgissement hormonal et des rencontres amoureuses. À cet âge, ce qui façonne le cerveau, ce n'est plus la mère, c'est l'aventure sexuelle. Cet émondage fournit la preuve d'un circuitage cérébral, qui crée un mode de réaction privilégié quand l'« excitation choisit la voie frayée de préférence à celle qui ne l'est pas », comme disait Freud.

C'est donc bien l'environnement qui pétrit la masse cérébrale et donne forme à ce qui, sans lui, ne serait qu'un amas informe, non circuité. C'est sous l'effet des interactions précoces que le cerveau acquiert une manière d'être sensible au monde et d'y réagir. Les neurones de l'hippocampe * sont les plus réactifs à ce processus qui joue un rôle important dans les circuits de la mémoire et dans l'acquisition des aptitudes émotionnelles. Ces données neurologiques permettent de comprendre pourquoi une carence affective précoce qui atrophie cette zone cérébrale entraîne un trouble des conduites et des émotions.

L'intégration des données génétiques, neurologiques, éthologiques et psychologiques permet maintenant de se demander si un gros transporteur de sérotonine réagit à la

16. Bee H., Boyd D., *Psychologie du développement. Les âges de la vie*, Bruxelles, De Boeck, 2003, p. 299.

carence affective de la même manière qu'un petit transporteur.

Puisqu'on sait que le circuitage de certains réseaux de neurones dépend du bain sensoriel environnemental, on peut faire l'hypothèse qu'un gros transporteur de sérotonine, ce neuromédiateur qui possède un effet antidépresseur, sera peut-être moins altéré par une carence du milieu. Est-il possible dans ce cas de parler d'un gène de la résilience [17] ? Un petit transporteur de sérotonine, facile à blesser, pourra-t-il, à l'inverse, être renforcé par des stimulations précoces qui stabilisent ses circuits fronto-limbiques, comme on le fait déjà chez les prématurés [18] ? Dans ce cas, on serait autorisé à parler d'une ressource externe de la résilience. Sachant que, dans les deux cas, la neuromodulation est une variante de la plasticité cérébrale des jeunes années [19]. D'après ce concept, vérifié par l'imagerie cérébrale et les tests neurologiques, l'expérience acquise lors des routines de l'existence optimise les circuits formés dans la petite enfance et peut même les améliorer avec l'âge.

L'analyse des étapes chimiques intermédiaires permet d'affirmer qu'il est impossible qu'un comportement soit codé par un gène. Entre un gène et un comportement, mille déterminants de nature différente convergent pour renforcer ou fragiliser l'étape suivante du développement.

17. Caspi A., Sugden K., Moffit T. E., Taylor A., Graig W., Harrington H., McClay J., Martin J., Braithwaite J., Poulton R., « Influence of life stress or depression : Moderation by a polymorphism in the 5-HTT gene », *Science*, 31, 2003, p. 386-389.

18. Ramey C., « Enhancing the outcomes of low-birth-weight, premature infants. A multisite, randomized trial », *JAMA*, 263, 1990, p. 3035-3042.

19. Évrard P., Marret S., Gressens P., « Genetic and environmental determinants of neocortical development : clinical applications », *in* A. M. Galaburda, Y. Christen, *Normal and Abnormal Development of the Cortex*, Berlin, Ipsen Foundation, 1997, p. 165-178.

Un tel raisonnement, qui prend en compte une cascade de causes, explique pourquoi il est possible qu'une anomalie génétiquement codée puisse ne pas s'exprimer, si d'autres gènes introduisent une sécrétion de substances protectrices. On est loin de la fatalité génétique racontée par ceux qui se complaisent dans une vision de l'homme soumis à la dictature biologique. La résilience existe dès le niveau moléculaire, en tant que possibilité de développement sain malgré une anomalie génétiquement codée. C'est ainsi qu'est donné le départ de la course pour l'existence.

Biologie de l'affection, chez les singes et les humains

Pendant la Seconde Guerre mondiale, les psychanalystes Anna Freud et René Spitz avaient décrit l'arrêt des développements et la mort d'enfants sains, isolés accidentellement après les bombardements de Londres [20]. John Bowlby avait précisé en 1950 que la carence affective pouvait expliquer certaines altérations biologiques [21]. Dans les années 1960, le couple Harlow avait démontré expérimentalement que le fait de priver un petit singe rhésus de la simple présence d'autres singes altérait tous ses développements, mais que l'on pouvait permettre une reprise

20. Spitz R., « Anaclitic depression », *Psychoanalytic Study of the Child*, II, New York, International University Press, 1946.
21. Bowlby J., « Maternal care and mental health », *WHO*, Monograph n° 2, Genève, World Health Organization, 1951.

évolutive en le mettant simplement en présence d'autres petits singes altérés [22].

Ces expériences de privations affectives résiliées par une « psychothérapie » de corps à corps étonnaient beaucoup les chercheurs. Toutes les espèces ne manifestent pas la même vulnérabilité à l'isolement, et, dans une même espèce, tous les individus ne sont pas vulnérables à la perte affective. Certains singes, quoique très altérés, cessent de se balancer et de s'autoagresser pour reprendre rapidement leurs jeux et leurs explorations dès que l'existence les remet en présence d'un congénère sécurisant. D'autres singes, à l'opposé, ne parviennent pas à réenclencher un processus de maturation. La réponse à ce constat clinique fut apportée récemment : les rhésus qui bénéficient le plus d'une présence sécurisante et dynamisante sont les gros transporteurs de sérotonine (ceux qui génétiquement possèdent un long allèle 5-HTT [23]).

Les court-5-HTT, petits transporteurs de sérotonine, ont du mal à récupérer. Lorsque ces singes se développent dans un groupe stable au contact d'une mère sécurisante, on constate un style particulier de socialisation : ils s'affolent à la moindre séparation, ils réagissent de manière très émotionnelle, ils poussent des cris suraigus, ils souffrent de manifestations somatiques, tachycardie, anorexie, diarrhées et courses désordonnées. Au cours de leurs interactions quotidiennes, la crainte les pousse à agresser leurs congénères. Lors des jeux enfantins qui se terminent mal, lors des conflits hiérarchiques où ils sont

22. Harlow H. F., « Age-mate or affectional system », *in* D. Lehrman, R. Hinde, E. Shaw (eds), *Advances in the Study of Behavior*, New York, Academic Press, vol. 2, 1969, p. 334-383.

23. Suomi S. J., « Attachment in Rhesus monkey », *in* J. Cassidy, P. Shaver, *Handbook of Attachment*, New York-Londres, The Guilford Press, 1999, p. 181-197.

dominés, ils mettent longtemps à se calmer. Tout contact avec leur mère révèle un attachement difficile, intense et conflictuel.

Les gros transporteurs de sérotonine, au contraire, jouent et explorent sans difficulté dès que leur mère est présente. Et, quand elle n'est pas là, après un court moment de désorganisation, ils partent à la recherche d'une autre femelle (une « tante », disent les primatologues), candidate au rôle de mère adoptante, auprès de laquelle ils vont se sécuriser. Lors des jeux de vilains ou lors des bagarres perdues, ils oublient vite leur petit chagrin.

L'inégal transport de sérotonine pourrait-il expliquer la diversité des réactions comportementales et affectives constatées chez nos enfants abandonnés ? La pensée dictatoriale absurde de Ceausescu avait provoqué l'abandon de nombreux enfants. Ceux qui ont été placés dans des familles d'accueil sécurisantes « ont atteint un niveau intellectuel normal et se sont bien intégrés socialement [24] ». Mais, dans la quarantaine d'institutions où les autres avaient été isolés, presque tous souffraient de graves altérations biologiques, émotionnelles et comportementales. L'étonnement vient du fait que, dans une même situation d'énorme privation affective, 10 à 20 % continuaient à exprimer un attachement serein (contre 66 % dans la population générale). Dans l'ensemble, les enfants altérés placés dans des familles d'accueil ont repris un développement résilient, parfois excellent, mais catastrophique dans quelques cas. Le transport de la séro-

24. Ionescu S., Jourdan-Ionescu C., « La résilience des enfants roumains abandonnés, institutionnalisés et infectés par le virus du sida », *in* M. Manciaux (dir.), *La Résilience. Résister et se construire*, Genève, Médecine et Hygiène, 2001, p. 96.

tonine, antidépresseur naturel, est-il suffisant pour expliquer ces réactions et ces évolutions parfois opposées ?

Sociologie de la vulnérabilité

Une telle explication nous ferait retomber dans les causalités exclusives que nous critiquons. En allant chercher d'autres explications auprès d'autres praticiens, il n'a pas été difficile de découvrir que certains enfants parvenaient à se sécuriser grâce à des activités routinières. D'autres, au contraire, recherchaient des situations intenses auxquelles ils se coltinaient. Ces réactions adaptatives opposées entraînent des stratégies d'existence différentes. En cas de perte affective, les petits transporteurs réagissent douloureusement. Leur extrême sensibilité à la perte les pousse à rechercher une manière de vivre paisible où ils parviennent à s'équilibrer en tissant des liens affectifs stables et sécurisants. Le moindre événement est un grand stimulant pour eux. Dans un contexte sans bousculade, ils organisent une vie tranquille. Les adultes les jugent agréables à aimer et faciles à scolariser. Dans la même situation, les gros sécréteurs d'antidépresseur naturel meurent d'ennui. Ils recherchent des situations extrêmes afin que l'intensité émotionnelle ainsi provoquée leur donne le sentiment d'exister [25].

L'aptitude à souffrir de la perte engage un petit transporteur de sérotonine à équilibrer sa vulnérabilité grâce à

25. Altman J., « Neurobiologie de prise de décision », *Alzheimer Actualités* n° 95, janvier 1995.

une vie stable et quelques liens fiables. Alors qu'un gros transporteur, abusivement dit invulnérable, aura besoin de prendre des risques afin de se sentir exister. C'est ainsi que, parfois, il déséquilibre sa vie et déchire lui-même ses liens dont il n'a pas un grand besoin. Beaucoup de vulnérables parviennent à organiser des vies affectives plaisantes et des projets d'existence intéressants. Notre culture, qui surinvestit l'école, valorise ce style existentiel. Et je connais beaucoup d'invulnérables qui, à force de se mettre à l'épreuve, se sont épuisés ou abîmés physiquement. Après une jeunesse intense, ils mènent aujourd'hui une vie solitaire, sans projet, sans sens, sans plaisir ni souffrance.

Le mot « vulnérable » choisi pour désigner la découverte génétique du « court-5-HTT », petit transporteur de sérotonine, est un mot piégé. Le choix de ce mot entraîne une idéologie implicite [26] de la domination qui prétend que les êtres vivants à faible sérotonine seraient voués à l'infériorité, alors que les gros transporteurs seraient destinés à devenir des chefs.

Peut-être le mot adéquat pour désigner cette découverte génétique serait-il tout simplement « sensibilité » ? Les petits transporteurs, sensibles aux événements et aux pertes affectives, ont besoin, pour être heureux, d'organiser une vie stable, dans une famille et une société en paix. Alors que les gros transporteurs, moins émotionnels, plus difficiles à stimuler et moins blessés par les pertes, se développent avec bonheur dans des familles instables et

26. Collins J., Glover R. (eds), *Collateral Language*, New York, New York University Press, 2002.

des sociétés de pionniers où chaque jour apporte sa cargaison d'événements et de conflits à surmonter.

Le développement des singes est structuré par le milieu qui les tutorise. Un singe génétiquement émotionnel sera orienté vers les places hiérarchiquement dominées. Alors que les hommes façonnent le milieu qui les façonne. Un enfant génétiquement sensible pourra se développer convenablement dans un milieu stable et même accéder à la domination grâce au pouvoir social que donnent les diplômes et le travail routinier.

Alerte pacifique

Chez les humains, ces aptitudes biologiques peuvent être remaniées par les structures sociales. Un enfant sensible, équilibré par un milieu stable, peut même utiliser sa « vulnérabilité » pour en faire une force. Certains enfants gentils et agréables à aimer éprouvent le premier jour d'école comme une séparation angoissante, traumatisante presque. Leurs marqueurs biologiques de stress sont en alerte parce que l'éloignement du milieu familier les a plongés dans un milieu inconnu qui les inquiète au point de désorganiser la sécrétion de substances comme le cortisol et les catécholamines. Afin de se calmer, ils augmentent leurs comportements autocentrés, ils évitent le regard, sucent leur pouce, se balancent, s'écartent du groupe, se frottent le nez avec un « doudou », perdent l'appétit et souffrent de troubles digestifs. Mais, le soir à la maison, lors des retrouvailles sécurisantes avec leurs figures d'attachement et leurs objets familiers, ils augmentent leurs manifestations affectueuses. Les parents charmés, gratifiés dans leur rôle protecteur disent que cet enfant est adorable. Grâce à ce ressourcement affectif, l'enfant apprend peu à peu à sécuriser l'école, à séduire l'enseignant qui lui faisait peur. Tout le monde est content, et l'enfant se développe bien justement parce qu'il est sensible, peut-être même anxieux. Le fait de trouver à s'apaiser augmente ses comportements d'attachement et sa régularité à l'école. Il améliore les relations sociales et familiales. Ses bons résultats scolaires sont un bénéfice secondaire de son angoisse. Cet enfant sans problème a bénéficié de sa « vulnérabilité ».

Il faut souligner que l'émotionnalité n'est pas une insécurité affective. Au contraire même, mis en alerte par leur tempérament sensible, ces petits se sont ressourcés auprès de leur base affective parentale. Pour tisser le premier nœud du lien, peut-être faut-il avoir été anxieux et avoir rencontré celui ou celle qui a su nous apaiser ? Une alerte pacifiée, un chagrin consolé permettent, en donnant à une figure d'attachement un pouvoir tranquillisant, de reprendre confiance en soi et d'éprouver le plaisir de partir à la découverte de l'inconnu. Double mouvement qui explique l'ambivalence des relations humaines : j'ai besoin d'être anxieux afin de me lier à celle qui me sécurise et me donne ainsi la force de la quitter !

Quand les parents abandonnent l'enfant, ils le privent de la base de sécurité qui lui aurait donné le plaisir d'aimer et d'apprendre. Quand les parents, au contraire, entourent le petit au point de l'enfermer dans une prison affective, ils arrangent une situation d'appauvrissement sensoriel qui l'affaiblit beaucoup. Toute séparation « est alors vécue comme une menace de perte [27] ».

Mais, quand un enfant sensible rencontre une base de sécurité affective, l'inévitable stress de l'existence se transforme en force affective et socialisante. La conjugaison de données génétiques, émotionnelles et sociales empêche de parler d'un gène de la vulnérabilité, d'un gène du chef ou d'un gène de la résilience.

Même quand le déterminant génétique est fort comme dans la schizophrénie, l'organisation sociale peut prendre l'effet d'un facteur de protection... ou d'aggravation. Quand on assiste à l'effondrement schizophrénique d'un jeune, l'entourage s'étonne : « Il était tellement gentil, tellement bon élève ! » La famille désespérée cherche à sauver l'image du jeune en montrant un livret scolaire exceptionnel, surtout dans les matières qui font appel à l'intelligence abstraite comme les mathématiques ou la philosophie. Mais la fratrie témoigne qu'il avait une difficulté à tisser un lien de complicité affective, et les copains de classe racontent son étrangeté de bon élève qui ne savait ni jouer ni faire des bêtises.

On peut interpréter ce constat clinique en disant que le refuge dans les livres, en améliorant les résultats scolaires, a désocialisé le jeune et provoqué son effondrement psychotique. Mais on peut dire aussi que la socialisation douloureuse de cet enfant, futur schizophrène, a été évitée grâce au surinvestissement de l'école [28]. Le simple fait de se réfugier dans sa chambre pour y travailler permettait

27. Bouteyre É., *Réussite et résilience scolaires chez l'enfant de migrants*, Paris, Dunod, 2004, p. 27.
28. Isohanni I., Jarvelin M. R., Jones P., Jokelainen J., « Can excellent school performance be a precursor of schizophrenia ? A 28-year follow-up in the Northern Finland 1966 birth control », *Acta. Psych. Scand.*, 100, 1999, p. 17-26.

au petit d'éviter les relations sociales qui auraient dévoilé sa vulnérabilité. Et c'est au moment du virage de l'adolescence, quand le jeune doit quitter sa famille pour accéder à l'autonomie et poursuivre son développement, que la protection des livres devient insuffisante. Sans école, se serait-il effondré plus tôt ? Les livres ont-ils facilité l'évitement social ? La routine nécessaire aux bons résultats scolaires a-t-elle masqué l'appauvrissement des interactions affectives [29] ? L'école, qui dans ce cas constitue un facteur de protection contre la schizophrénie, ne peut pas être considérée comme un facteur de résilience, puisqu'il n'y a ni déchirure traumatique ni reprise évolutive. Au contraire même, cette protection isolante qui a fait l'admiration des adultes a empêché l'apprentissage de la socialité et des jeux préparatoires à la rencontre sexuelle [30].

Biologie de l'attachement

Une biologie de l'attachement devra donc parler de la conjugaison entre plusieurs déterminants génétiques (surtout pas « programme génétique ») :

– qui prendraient des formes développementales différentes...

– selon l'enveloppe sensorielle,

29. Azorin J.-M., « Le regard de l'expert, interview de Jordi Molto », *Inter Psy*, n° 1, mars 2004.

30. Parnas J., Janssen L., Sass L. A., Handest P., « Self-experience in the prodromal phases of schizophrenia. A pilot study of first admissions », *Neural Psychiat. Brain Res.*, 6, 1998, p. 97-106.

– laquelle est composée par les figures d'attachement (donneurs de soins, personnages signifiants, institutions et récits culturels).

Les macaques vont servir à illustrer ce raisonnement.

Quand des petits singes sont isolés dès leur naissance, on peut prédire l'apparition chronologique des comportements autocentrés (protestation, désespoir, indifférence). On peut photographier au scanner l'atrophie cérébrale localisée fronto-limbique. On peut mesurer la chute des hormones de croissance et des hormones sexuelles qui jouent un rôle majeur dans l'augmentation de la taille et du poids et dans la différenciation des morphologies, prouvant encore une fois que la simple présence d'un compagnon constitue un stimulant biologique. Ces petits singes au développement altéré ont été replacés dans un groupe de compagnons du même âge où ils se sont améliorés. Puis ils ont été remis dans les conditions naturelles d'un grand groupe où ils ont côtoyé d'autres petits macaques régulièrement élevés au contact de leur mère [31].

À peine sont-ils regroupés que les petits singes altérés par la privation se précipitent et s'enlacent afin que chacun serve de base de sécurité à l'autre. On peut alors prédire et mesurer la diminution rapide des altérations biologiques, neurologiques et comportementales : les sécrétions biologiques rejoignent le taux normal pour l'âge, le cerveau se regonfle, et les activités autocentrées disparaissent. On peut parler de résilience neuronale et comportementale puisque, après la privation affective, on voit réapparaître un autre développement. Pourtant, quand on compare les

31. Harlow H. F., « Age-mate or peer affectional system », *in* D. S. Lehrman, R. A. Hinde, E. Shaw (eds), *Advances in the Study of Behaviour*, New York, New York Academic Press, vol. 2, 1969, p. 333-383.

deux populations, on constate que ceux qui ont été isolés précocement restent très attachés, agrippés sans cesse l'un à l'autre. Par contraste, les petits élevés par leur mère sont beaucoup plus joueurs et plus explorateurs. Les singes carencés précoces jouent moins souvent, moins longtemps, et leurs jeux se terminent souvent par des bagarres. L'observateur naïf qui ne sait pas pourquoi ces petits sont hyperattachés les juge plus gentils que les singes normalement élevés. Seul le primatologue pense que l'hyperattachement du petit est la preuve comportementale que la base de sécurité a mal fonctionné. Il sait que le point de départ affectif est défaillant et que la base de sécurité fournie par les compagnons a certes permis une reprise de développement, mais elle est moins efficace que celle d'une vraie mère épanouie.

La timidité pourrait constituer un indice de transaction difficile. Un être vivant peut acquérir la crainte de l'autre parce qu'il est génétiquement émotionnable ou parce qu'il a subi une carence affective précoce. L'hyperattachement qui sécurise et répare le petit carencé l'emprisonne en même temps. Le petit se sent mieux, mais cette manière de s'apaiser l'empêche d'apprendre à se socialiser en jouant. La sécurisation apportée par les compagnons a provoqué une résilience biologique puisque les hormones et les neurones se remettent à fonctionner. La résilience a été comportementale aussi puisque les activités autocentrées disparaissent. Mais on ne peut pas parler de résilience émotionnelle [32], car le petit carencé garde dans sa

32. Suomi S. J., « Influence of Bowlby's attachment theory on research on nonhuman primate behavioral development », *in* S. Goldberg, R. Muir, J. Kerr (eds), *Attachment Theory : Socio-Developmental and Clinical Perspectives*, Hillsdale (N. J.), Analytic Press, 1995, p. 185-201.

mémoire une extrême sensibilité à l'autre. Le familier le sécurise au point de l'emprisonner tandis que l'inconnu l'angoisse comme s'il était en danger. Le petit est devenu un joueur incomplet, peu conquérant du monde, dépendant de ceux qui le tranquillisent et agressant par crainte ceux qui l'agressent... en voulant jouer !

C'est une confluence de causes qui détermine un tel processus. Chaque espèce vit dans un monde qui lui est propre, chaque individu a une sensibilité génétique et acquise qui lui donne un goût du monde sucré ou amer, amusant ou affolant, paisible ou fiévreux. Ce sont les circonstances qui font qu'un animal blessé connaît une évolution réparatrice ou aggravante. Chez l'homme, le remaniement de l'événement par les images et les mots ajoute une possibilité de faire un travail de libération... ou d'aliénation !

Le problème des enfants sans problème

Tout cela veut dire qu'un déterminant génétique, même puissant, n'est pas forcément prédicteur de pathologie biologique ou psychologique [33] puisque l'articulation des gènes entre eux, puis avec le milieu écologique, puis avec les circonstances de l'existence prend des formes variables de résilience ou d'aggravation, selon les conjugaisons. Cela explique qu'un processus, adaptatif à un moment, devienne désadaptatif à un autre.

33. Suomi S. J., « Early stress and adult emotional reactivity in rhesus monkeys », *in* D. Barker (ed.), *The Childhood Environment and Adult Disease*, Chichester, Eng., Wiley, 1991, p. 171-188.

Le devenir des enfants sages n'est pas toujours prédicteur d'un bonheur éternel puisque, à coup sûr, interviendront dans leur existence des bouleversements qui les mettront à l'épreuve. D'habitude, les chercheurs sont fascinés par la pathologie, c'est pourquoi récemment des spécialistes portugais ont eu une idée rare : ils ont suivi des cohortes d'enfants qui allaient bien ! Pendant douze ans, ils se sont demandé quel était le problème des enfants sans problème [34]. La réponse fut, comme on pouvait s'y attendre, que les enfants sages sont devenus des adultes bien socialisés, sans troubles graves de la personnalité. Mais grande fut leur surprise quand ils ont constaté que les enfants modèles (les filles plus que les garçons) étaient devenus des adultes anxieux et plus souvent déprimés que les enfants normalement difficiles, ceux qui provoquaient des petits conflits sans manifester de troubles de la personnalité. Avant l'adolescence, les garçons sont plus souvent hospitalisés car ils prennent plus de risques. On les emmène plus en consultation de psychologie car ils sont plus difficiles. Mais, après l'adolescence, les tendances s'inversent : les femmes consomment plus de soins médicaux et demandent plus d'aide psychologique. Pourquoi les filles deviennent-elles plus souvent des enfants modèles ? Les chromosomes XX féminins induiraient-ils un développement plus facile, comme le prétendent certains généticiens ? Les filles se soumettent-elles plus facilement aux normes sociales alors que les garçons hésitent moins à se rebeller ? Sont-elles plus entravées que les garçons, comme le soutiennent les féministes ? S'adaptent-

34. Fonseca A. C., Damiao M. H., Rebelo J. A., Oliviera S., Pinto J. M., « Que deviennent les enfants normaux ? », Université de Coïmbra, congrès de psychopathologie de l'enfant et de l'adolescent, Paris, 29 octobre 2004.

elles plus facilement à l'école parce qu'elles sont plus craintives, plus soumises, plus intelligentes ou plus déterminées à acquérir l'autonomie que donnent aujourd'hui les diplômes ? L'enfant sage a-t-il surinvesti l'école au prix de son plaisir de vivre ? Et cette amputation l'a-t-elle poussé sur la voie de la dépression ?

Quelle que soit l'interprétation de ces données statistiques, le prix de la sagesse est élevé : les petits transgresseurs (30 % de filles, 60 % de garçons [35]) témoignent d'une affirmation de soi qui rend les enfants plus difficiles à élever, mais qui en fera des adultes autonomes.

Un raisonnement transactionnel permet de comprendre pourquoi une même cause provoque une déflagration chez l'un et une indifférence chez l'autre. Le phénomène de résonance (une vibration est amplifiée quand elle s'accorde avec la fréquence du milieu qui la reçoit) permet de comprendre pourquoi un événement provoque une catastrophe dans un contexte et aucune réaction à un autre moment.

35. *Ibid.*

II

FORMULE CHIMIQUE DU BONHEUR

Bonheur avec nuages

« La mort de Fabrice a été pour moi une merveilleuse histoire d'amour. Il avait quatorze ans, j'allais le voir tous les jours, il savait qu'il allait mourir, il attendait ma visite, il suffisait que j'arrive pour provoquer en lui un merveilleux élan d'amour. Nous parlions tendrement, je ressentais physiquement l'affection qu'il éprouvait et j'en étais bouleversée... J'ai vécu une douleur tellement intense et un bonheur tellement extrême qu'après sa mort j'ai cessé de parler avec les gens normaux. Ils n'auraient pas pu comprendre. Alors, je suis rentrée chez " Osiris ", une association où j'ai pu rencontrer des parents qui, comme moi, avaient perdu un enfant [1]. »

Les parents qui parlent ainsi sont solides et équilibrés, mais l'intensité de leur malheur, entremêlé d'accès de bonheur, pose un problème mystérieux que la trop grande clarté de nos concepts empêche de résoudre. La

1. Paroles recueillies et citées au plus près.

notion de bonheur est une invention récente, c'est une invention du Diable (Flaubert) qui éteint la détresse (Renard), provoque notre malheur quand on ne peut l'atteindre (Fontenelle), dont il faut chercher les recettes dans la société (Saint-Just) ou dans la chimie des philtres d'amour au Moyen Âge ou des laboratoires de pharmacie des temps modernes.

Le bonheur n'est jamais pur. Pourquoi faut-il que, si souvent, une bouffée de bonheur provoque l'angoisse de le perdre ? Le « pourvu que ça dure », le « profitons-en », le « croisons les doigts » donnent une forme verbale au sentiment diffus qu'il n'y a pas de bonheur sans nuage.

La souffrance insupportable a toujours été à la mode, et chaque culture lui a donné une forme différente. Si vous ne me croyez pas, allez au Louvre, vous y verrez comment les tourments sont intégrés dans l'aventure sociale dès qu'ils sont esthétisés. Le Christ en croix saigne sous les épines, et *Le Radeau de la Méduse* dépeint comment les hommes agonisants continuent à espérer. Allez au Grand Palais, vous y verrez comment la mélancolie qui torture les êtres humains est soignée par la beauté et comment l'homme coupable cherche à se racheter par une bonté morbide [2].

L'idée de bonheur est apparue très tard puisque, pendant des millénaires, il a fallu admettre que les lieux du bonheur ne se trouvaient pas sur terre. Il suffisait d'y vivre pour constater que chaque jour apportait sa ration de souffrance et de mauvaises nouvelles. La pensée du bonheur est devenue terrestre quand la Révolution en a fait un programme politique. Jusqu'au XVIIe siècle, seuls les aristo-

2. Pewzner E., *L'Homme coupable*, Toulouse, Privat, 1992.

crates et quelques grands bourgeois, soit 2 % de la population, avaient la possibilité d'espérer le bonheur : « [...] Il me semble très nécessaire que celui qui veut entrer dans le grand commerce du monde soit né gentilhomme [...] ce n'est pas que je veuille bannir ceux à qui la nature a dénié le bonheur [3]. [...] » Pendant des siècles, une maison avec un jardin clos a symbolisé le bonheur privé, caché, protégé de la violence sociale qui surgissait dès qu'on ouvrait la porte.

Quand Saint-Just, en 1789, a politisé ce rêve en évoquant « le droit au bonheur », quand la bourgeoisie s'est développée grâce au commerce et à l'industrie, c'est l'appartement familial qui est devenu le lieu du bonheur possible. Dans le monde extérieur, on avait froid, faim, et les rapports humains étaient violents. La clôture familiale, dans ce contexte social, faisait l'effet d'un havre d'affection et de repos. La protection paternelle et le dévouement maternel dessinaient une image de bonheur qui nous colle encore à la pensée. Mais, dans les sociétés où la rue est devenue un lieu plus sûr et plus gai, c'est le logement familial qui apparaît comme un lieu de répression, de morosité et d'étouffement affectif. Les mêmes murs, les mêmes structures familiales ont évolué en quelques générations et sont passés du bonheur au malheur parce que le contexte social s'est amélioré. Cette bascule a souligné la proximité entre deux sentiments que l'on croit opposés. Le rêve de bonheur dans lequel on se réfugie au moment du malheur est régulièrement suivi d'un sentiment de perte. À peine l'idée de bonheur est-elle née au XVIIIe siècle que le tremble-

3. Castiglione, cité *in* J. Revel, *Les Usages de la civilité. Histoire de la vie privée*, Paris, Seuil, t. III, 1986, p. 199.

ment de terre de Lisbonne en 1755 et l'immense tsunami qu'il a entraîné, entre le Portugal, l'Afrique occidentale jusqu'aux côtes du Brésil, en tuant cent mille personnes en quelques minutes et en détruisant une ville construite comme une œuvre d'art, ont dévoilé la fragilité du bonheur [4]. Aujourd'hui, notre « tremblement de terre de Lisbonne » s'appelle « Auschwitz », « Hiroshima » ou « chômage ». Ces mots signifient que le malheur est dans le pré et qu'un rien peut nous y pousser. La perception du risque n'est nullement une appréciation objective du danger, mais plutôt la conséquence d'une projection de sens et de valeurs sur certains événements [5]. Hiroshima, qui fut une explosion de joie en Occident le 6 août 1945 où elle signifiait « fin de la guerre » en ne faisant « que » cent mille victimes, au lieu des quatre millions de morts attendus, donne aujourd'hui l'impression d'un crime technologique et politique inutile.

On ne sait pas qu'on sait

Nos catégories trop claires et nos mots abusifs nous font croire que le bonheur s'oppose au malheur et lutte contre lui. Il semble bien que cette formulation ne désigne pas un segment cohérent de monde. Il faut chercher ailleurs l'explication de cette grande proximité entre deux sentiments différents qui nous gouvernent... comme un couple d'opposés.

4. Fonseca J. D., *1755. O terramoto de Lisboa*, Lisbonne, Argumentum, 2005.
5. Le Breton D., *La Sociologie du risque*, Paris, PUF, « Que sais-je ? », 1995, p. 31.

Il se trouve que les découvertes de la neurologie permettent de dire que notre organisation cérébrale déclenche nos émotions et participe à notre savoir sur le monde. Un neurologue n'a pas peur d'une telle phrase puisqu'il constate sans peine qu'une lésion de la partie postérieure du cerveau droit n'empêche pas de percevoir les informations venues de l'espace gauche, mais ne lui permet plus d'en avoir une représentation consciente. Le malade évite les obstacles et soutient qu'il n'y en a pas ; il se rase la moitié droite du visage en affirmant qu'il s'est totalement rasé ; il mange la viande située à droite de son plateau et proteste parce qu'on ne lui a pas donné les frites que tout le monde peut voir sur la gauche de sa table [6]. Les émotions aussi participent à la constitution de ce savoir. En colorant de gaieté ou de tristesse le phénomène qu'il perçoit, le malade intègre dans sa mémoire un fait qui, selon l'endroit de la lésion sur le cerveau, sera connoté d'un sentiment de bonheur ou de malheur.

La première fois qu'un neurologue a tenu ce genre de raisonnement [7], il a provoqué autant d'incrédulité que d'ironie. Dans un contexte culturel où l'on racontait que le bonheur ou le malheur ne pouvaient s'expliquer que par des causes réelles extérieures au sujet, les grands fondateurs de la neurologie ont provoqué une stupéfaction quand ils ont dit qu'une lésion localisée sur une zone pré-

6. Botez M. I. (dir.), *Neuropsychologie clinique et neurologie du comportement. La négligence visuelle de l'hémi-espace*, Paris-Montréal, Presses de l'Université de Montréal-Masson, 1996, p. 142-143.

7. Meyer A., « The anatomical facts and clinical varieties of traumatic insanity », *American Journal of Insanity*, 60, 1904, p. 373.

cise de l'hémisphère droit provoquait une tendance au bonheur [8].

La Seconde Guerre mondiale, en fournissant son lot de blessés du cerveau, a permis de distinguer les lésions qui déclenchaient des sensations de bonheur ou de malheur [9] et de différencier une sensation provoquée par une perception d'un sentiment éveillé par une représentation de mots, comme une déclaration d'amour.

Un peu plus tard, les pionniers de la psychiatrie, sensibilisés par ces données neurologiques, ont remarqué qu'une lésion de l'hémisphère gauche provoquait régulièrement des accès de mélancolie, à la différence des lésions de l'hémisphère droit [10]. Mais le vrai point de départ de l'aventure neuropsychologique fut publié à Paris quand deux médecins, Hecaen et Ajuriaguerra, expliquèrent qu'une absence de souffrance pouvait constituer la preuve d'une pathologie ! La douleur morale et la dépression sont justifiées quand un malheur arrive, mais que penser quand une lésion de l'hémisphère droit provoque une indifférence au deuil ou même une euphorie provoquée par une tragédie [11] ? Ce qui ne veut pas dire que le bonheur est explicable par une lésion de l'hémisphère droit, mais ce qui prétend qu'il y a des bien-être morbides ! Il y a même des rires et des pleurs sans raison quand de petites lésions vasculaires du tronc cérébral provoquent une saccade de rigolade témoignant que l'organisme ne

8. Babinski J., « Contribution à l'étude des troubles mentaux dans l'hémiplégie organique cérébrale (anosognosie) », *Revue neurologique*, 27, 1914, p. 845-848.

9. Goldstein K., *After Effects of Brain Injuries in War*, New York, Greene and Stratton, 1942.

10. Bleuler J., *Textbook of Psychiatry*, New York, Macmillan, 1951.

11. Hecaen H., Ajuriaguerra J. de, Massonet J., « Les troubles visuoconstructifs par lésion pariéto-occipitale droite », *Encéphale*, 40, 1951, p. 122-179.

parvient plus à réguler ses émotions et répond par un rire sans joie à toute stimulation.

Zones cérébrales du goût du monde

Il peut donc y avoir des sensations de bonheur ou de malheur sans objet, déclenchées par la réponse d'un système nerveux désorganisé [12]. La neurologie du bonheur-malheur n'exclut évidemment pas le sentiment de bonheur ni celui de malheur provoqué par la représentation mentale d'événements qui, eux, sont chargés de significations. Le scanner précise ce raisonnement en révélant qu'un tout petit accident vasculaire qui nécrose la zone dorsale du noyau thalamique droit* provoque une sensation de bonheur sans objet [13]. Ce qui n'empêche évidemment pas ceux qui gagnent au Loto d'éprouver un sentiment d'euphorie donnée par ce coup de chance, ou parfois d'angoisse provoquée par ce bonheur immérité.

À l'époque où, pour explorer une tumeur ou une épilepsie, on injectait des barbituriques dans une carotide afin d'anesthésier l'hémisphère correspondant, les praticiens avaient constaté des modifications émotionnelles caractérisées. Lorsque l'hémisphère droit était anesthésié, les malades ne percevaient le monde qu'avec leur hémisphère gauche. Ils devenaient alors inaffectifs et rigou-

12. Robinson R. G., Manes F., « Elation, mania and mood disorders. Evidence from neurological diseases », *in* J.-C. Borod, *The Neuropsychology of Emotions*, New York, Oxford University Press, 2000, p. 240.

13. Starkstein S. E., Fedoroff J. P., Berthier M. D., Robinson R. G., « Manic depressive and pure manic states after brain lesions », *Biological Psychiatry*, 29, 1991, p. 149-158.

reux. Lorsque l'hémisphère gauche était endormi, leur perception du monde était au contraire connotée de fortes émotions tristes [14].

Le goût du monde n'est pas le même selon l'hémisphère qui traite la manière d'être : lucide et peu affectif pour l'hémisphère gauche, celui qui parle ; facile à émouvoir et même à déprimer pour l'hémisphère droit, celui qui ressent.

Un raisonnement automatique laisse penser qu'il est logique de fuir ce qui nous rend malheureux pour nous réfugier dans les bras du bonheur. Les données neurologiques questionnent différemment : la sensation d'être heureux ou malheureux vient peut-être de la connotation affective que notre appareil à percevoir le monde lui attribue. L'aptitude au bonheur ou au malheur résulterait-elle d'une acquisition précoce, d'une mémoire vive qui expliquerait notre tendance à connoter les événements d'un sentiment heureux ou malheureux ? Les mots « bonheur » et « malheur » ne sont pas des équivalents de réalités physiques, ils en sont la représentation. Cette découpe verbale est abusive. Quand on vit dans une situation où tout nous rend heureux, on ne peut pas être malheureux, croit-on. Mais la neurologie nous suggère que c'est souvent notre manière de percevoir le monde qui lui donne un goût de bonheur ou de malheur.

Nos mots reflètent bien cette incertitude. Le mot « douleur » est censé désigner une impression pénible traitée par le cerveau, alors que la souffrance appartiendrait au domaine des représentations. Cette clarté abusive

14. Panksepp J., *Affective Neuroscience. The Foundations of Human and Animal Emotions*, New York, Oxford University Press, 1998, p. 308.

ne nous empêche pas de parler de la tristesse des « souffre-douleur » et d'employer sans hésiter les expressions de « souffrance physique » et de « douleur morale ».

L'explosion des neurosciences permet de mieux comprendre ce flou verbal. Des informations de sources opposées, de natures différentes convergent pour créer un sentiment que nous appelons « bonheur » ou « malheur ». Nous pouvons observer cliniquement et manipuler expérimentalement le cheminement de ces informations et le façonnement de ces sentiments : « objectiver la subjectivité est donc une procédure scientifique [15] ».

Une biographie de ver de terre raconterait probablement comment, toute sa vie, l'attirance vers un type d'information chimique ou thermique a suffi à son « bonheur » en lui faisant fuir le « malheur ». Chez un être humain, ce niveau de réaction existe, mais il doit s'associer à bien d'autres informations venues des représentations d'images et de mots. Nous devons donc grappiller les connaissances dans des domaines différents et les intégrer si nous voulons comprendre la formule chimique du bonheur et celle du malheur.

On ne peut plus affirmer qu'une simple stimulation provoque une simple réponse. Déjà les vers de terre ne seraient plus d'accord. Quand un organisme est privé de sucre depuis longtemps, le manque intérieur rend ses récepteurs hypersensibles à toute molécule de glucide qu'il perçoit dans son milieu extérieur avec une acuité stupéfiante. Son système nerveux, aiguisé par le manque, perçoit le moindre signal de sucre et met en mouvement le corps. Nous, humains, éprouvons cette réaction quand

15. *Ibid.*, p. 45.

nous avons soif. Le manque d'eau intérieur nous met en mouvement, et la satisfaction de ce besoin provoque un grand plaisir. C'est la satisfaction du manque qui déclenche le bonheur du régal, puisque la même eau, plus tard quand nous serons rassasiés, provoquera une sensation de répulsion. Même raisonnement pour le sel, le sommeil, la présence humaine ou l'affection. L'intense bonheur, le transport de joie qu'éprouve un enfant séparé quand il retrouve la personne à laquelle il est attaché et dont il a été privé, provoque un grand bonheur. Mais, quand le même enfant est assiégé par le dévouement amoureux de sa mère, c'est une sensation de déplaisir et parfois de dégoût qu'il risque d'éprouver. Les dosages neurobiologiques révèlent que le simple fait des retrouvailles entraîne, chez un enfant auparavant isolé, une décharge d'opioïdes dont les circuits limbiques et la face inférieure du lobe frontal * sont les récepteurs privilégiés [16]. Une présence affective constante non seulement supprime le plaisir des retrouvailles, mais, comme pour l'eau à satiété, finit par provoquer un dégoût. C'est donc le rythme, la pulsation, l'alternance qui provoquent la sensation de joie ou de bonheur extrême. Pour devenir un fait de conscience, le bonheur doit-il s'accoupler avec le malheur ?

L'accouplement du bonheur et du malheur

Ce curieux raisonnement en apparence illogique fut tenu pour la première fois par deux chercheurs de l'Uni-

16. LeDoux J., *Neurobiologie de la personnalité*, Paris, Odile Jacob, 2003, p. 76 et p. 303.

versité Mac Gill quand ils constatèrent que des rats qui avaient reçu des décharges électriques dans le cerveau se précipitaient vers le lieu où ils avaient souffert [17]. En plantant des microélectrodes dans leur cerveau et en apprenant aux rats à s'autostimuler, ils découvrirent que, lorsque l'électrode était placée dans une bandelette neuronale de la face inférieure du lobe frontal, les animaux se précipitaient comme des fous pour appuyer sur le levier. Ils déclenchaient une décharge même lorsqu'ils n'obtenaient pas de récompense alimentaire. La stimulation de ces fibres nerveuses, en augmentant la circulation de dopamine [18], provoquait une sensation d'euphorie sans objet. À l'inverse, la prescription d'une substance qui ralentit la sécrétion de dopamine a rendu ces animaux insensibles et supprimé leur recherche de stimulations. Pour éprouver le plaisir d'une stimulation, même douloureuse, il faut avoir éprouvé le déplaisir du manque. L'indifférence, en engourdissant les réponses du système nerveux, fait disparaître la souffrance, autant que la recherche du plaisir.

Le milieu écologique compose une enveloppe sensorielle qui envoie à la base de l'hypothalamus * des stimulations de lumière ou de chaleur qui modulent les sécrétions d'ocytocine et de vasopressine (acides aminés qui agissent sur le corps, loin du cerveau). L'ocytocine déclenche la contraction de l'utérus et la libération du lait. Mais, quand

17. Olds J., Milner P., « Positive reinforcement produced by electrical stimulation of septal areas and other regions of rat brains », *Journal of Comparative and Physiological Psychology*, 47, 1954, p. 419-427.

18. Dopamine : neurotransmetteur impliqué dans les mouvements, les émotions et la peur. Son manque, au cours de maladies génétiques, d'accidents cérébraux ou d'isolement relationnel, ralentit les mouvements, engourdit les émotions et ne donne plus rien à penser.

on introduit dans l'organisme d'une femelle une substance qui empêche l'action de l'ocytocine, elle ne s'attache plus à son partenaire. Le produit n'empêche pas l'acte sexuel, mais engourdit les réponses du système limbique.

L'acte sexuel stimule aussi la sécrétion d'ocytocine, ce qui explique l'aspect spasmodique du plaisir physique puisque cette substance contracte l'utérus et certains autres muscles [19]. S'il y a un déficit des circuits limbiques de la mémoire ou si l'espèce sécrète des substances anti-ocytocine, le partenaire après l'acte sexuel demeure un inconnu. Il arrive alors que la femelle le chasse comme un intrus ou le considère comme un gibier et veuille le manger. Les mâles sécrètent moins d'ocytocine, mais ils sont en revanche plus sensibles à la vasopressine. Quand on bloque cette hormone, ils ne s'attachent plus à la femelle mais restent agressifs envers les mâles intrus.

Cette dissection biologique permet de comprendre pourquoi l'amour humain peut se passer d'une rencontre réelle avec le ou la partenaire : puisque nous répondons surtout à nos propres représentations, nous pouvons tomber amoureux d'une idole impossible à toucher ou vénérer un dieu qu'on ne verra jamais. L'acte sexuel répond à une rencontre entre un stimulus externe et une réceptivité interne. Mais il ne sera suivi du tissage d'un attachement que si un processus de mémoire se met en jeu. Certaines personnes ne disposent pas de cette mémoire pour des raisons de défaillance biologique. D'autres ont peur de ce lien pour des raisons psychologiques. Et la culture à son tour organise des circuits sociaux qui encouragent ce lien,

19. Odent M., *The Scientification of Love*, Londres-New York, Free Association Books, 1999, p. 34.

comme en Occident, ou le disqualifient, comme dans la Rome ancienne. On est loin des causalités uniques qui facilitent la pensée simple. Pour tout compliquer, on a pu doser qu'une caresse physique augmentait chez les femmes la sécrétion d'ocytocine, autant qu'une caresse verbale, mais moins que le déluge hormonal entraîné par l'allaitement ou le plaisir sexuel[20]. Ne croyez pas qu'il s'agit là d'une recette qui permettrait de tricoter un lien déterminé par une dose de caresses, un nombre de paroles ou une série d'actes sexuels. Puisque notre cerveau est également enflammé par nos représentations, il n'est pas rare que certaines femmes se sentent dépendantes de l'homme qui provoque tant de plaisir et lui reprochent cette tentative de soumission. Leur histoire personnelle ou leur contexte culturel les amène à attribuer une grande valeur à l'autonomie sociale, alors qu'il y a une ou deux générations c'était la dépendance qui était glorifiée : il fallait être fidèle et servir sa famille. Aujourd'hui, quand un homme ou un enfant rendent ces femmes dépendantes, elles ressentent ce bonheur comme une soumission et deviennent hostiles envers ceux qui entravent leur liberté : « Ce n'est pas parce que je t'aime que je vais faire ce que tu veux. » Regagner son indépendance, même au prix du malheur, leur redonne fierté et estime de soi.

À l'époque encore récente où les hommes étaient tenus de servir leur usine, leur famille et leur patrie, ils étaient tellement glorifiés qu'ils se rendaient mal compte qu'ils étaient asservis, eux aussi. Vont-ils découvrir une triste liberté ?

20. Vincent L., *Petits Arrangements avec l'amour*, Paris, Odile Jacob, 2005, p. 87.

Sexe et mémoire

Une simple relation, selon les émotions qu'elle provoque, peut modifier les sécrétions d'opiacés. Cela explique pourquoi on se sent euphorique quand on parle avec Pierre et crispé quand on dîne chez Caroline. Un plaisir partagé augmente l'ocytocine dont le récepteur le plus sensible se trouve dans l'hippocampe des circuits de la mémoire *. Ce qui revient à dire que le fait de désirer quelqu'un provoque une émotion sexuelle en même temps qu'une amélioration de la mémoire : « Quand je dîne avec elle, je l'apprends par cœur » (c'est le cas de le dire). L'association du bien-être et de la mémoire explique le pouvoir euphorisant de la familiarité [21]. Le charme de la voir augmente la manière dont je m'imprègne d'elle puisque j'y suis plus attentif. L'attente du plaisir de la musique en accroît le plaisir. L'espoir de m'apaiser m'apaise. Et si, par bonheur, il m'arrive d'être malheureux, le fait d'avoir appris à espérer que ma femme (mon homme) m'apaise amplifie le pouvoir tranquillisant de son attachement. Le simple fait de croire qu'il (elle) peut m'apaiser lui donne ce pouvoir et stimule mon affection. Ce raisonnement implique deux préalables : il faut que, par le passé, j'aie pu m'imprégner d'elle et il faut aussi que je sois anxieux afin de l'espérer. Quand elle veut bien se trouver près de moi, les conditions du lien ont associé la souffrance du manque avec le plaisir des retrouvailles. De même que la sensation de bonheur sans raison

21. Panksepp. J., *Affective Neuroscience*, *op. cit.*, p. 257.

est proche du malheur, il est pensable que la peur s'accouple avec la sécurité, l'attachement avec l'angoisse, l'apaisement avec l'alerte, constituant ainsi un couple d'opposés où l'un ne peut exister que grâce à l'autre qu'il combat.

De même qu'un animal effrayé par l'attaque d'un prédateur continue à courir sans souffrir de ses blessures, l'analgésie d'un homme possédé par la peur ou la passion se transforme vite en euphorie après l'effroi [22]. Cette bascule de la peur à l'euphorie est fréquente chez les animaux qui viennent d'échapper à un danger. Elle se voit aussi chez l'homme qui a survécu au combat. Cela s'explique par une réaction biologique : l'alerte stimule la sécrétion de sérotonine et d'opioïdes naturels qui restent dans le corps après l'agression et provoquent l'euphorie de l'après-combat [23]. Ce couplage de la peur et de l'euphorie, l'oxymoron du bonheur et du malheur expliquent pourquoi tant de désespérés provoquent le malheur espérant le bonheur, pourquoi tant de morts d'ennui prennent de grands risques pour se faire vivre un peu et pourquoi certains « casseurs » cherchent la bagarre afin de créer quelques événements euphorisants dans leur triste existence.

L'hémisphère droit est sensible aux émotions des autres, alors que les deux régions antérieures du cerveau se coordonnent pour donner forme à l'expression des émotions du sujet. Il suffit qu'un nourrisson maltraité par son donneur de soins perçoive l'agresseur pour que son hémisphère droit se mette en alerte. Le petit aussitôt

22. Levine P. A., *Réveiller le tigre. Guérir le traumatisme*, Charleroi, Socrate éditions, 2004.
23. Panksepp J., *Affective Neuroscience, op. cit.*, p. 215.

manifeste un comportement de retrait [24] et un évitement du regard... comme s'il souffrait d'une lésion de l'hémisphère droit, celui qui induit facilement une humeur dépressive [25]. Pour peu que cette situation se répète ou survienne à un moment sensible du développement de l'enfant, elle va s'inscrire dans sa mémoire implicite et donner une habitude réactionnelle qui désormais caractérisera le style interactif du petit. Un événement signifiant vient de placer l'enfant sur le tapis roulant qui mène à la dépression. Cette vulnérabilité précoce est totalement acquise. L'aptitude au retrait et à l'évitement, imprégnée dès les premiers mois, crée avec ce parent maltraitant un lien particulier où l'enfant s'attache à une base d'insécurité. Il lui suffit, dès lors, de percevoir cette figure d'attachement insécurisante pour que son hémisphère droit alerté provoque la sécrétion des hormones du stress dont les effets biologiques modifient le développement somatique [26]. La réduction du volume de l'hippocampe se voit aisément au scanner. Le gyrus temporal * augmenté explique les difficultés de l'enfant à maîtriser son affectivité, puisque le dérèglement du cerveau des émotions entraîne des modifications endocriniennes telles que la chute des hormones de croissance et des hormones sexuelles. Ce manque hormonal explique la morphologie du nanisme affectif [27] : les enfants restent petits (au-

24. Guedeney A., « Dépression et retrait relationnel chez le jeune enfant : analyse critique de la littérature et proposition », *Psychiatrie enfant*, 47, 1999, p. 299-332.

25. Davidson R. J., Henriques J., « Regional brain function in sadness and depression », *in* J.-C. Borod, *op. cit.*, p. 269.

26. Beaurepaire R. de, « Aspects biologiques des états de stress post-traumatiques », *in* J.-M. Thurin, N. Baumann, *Stress, pathologies et immunité*, Paris, Flammarion, « Médecine-Sciences », 2003, p. 135-153.

27. De Bellis M. D., Keshavan M. S., Clark D. B., « Developmental traumatology», part. II, « Brain development », *Biological Psychiatry*, 45, 1999, p. 1271-1284.

dessous de la taille que génétiquement ils auraient dû avoir), ils associent une froideur affective avec des explosions surprenantes de haine ou d'amour. Dans ce cas, ce n'est pas une tumeur ou une lésion qui altère leur cerveau des émotions, c'est l'histoire parentale qui, troublant le parent, trouble le développement organique de son enfant.

La mémoire n'est pas le retour du passé

Plus tard, quand l'enfant se fera le récit de son histoire afin de mieux s'identifier, il aura tendance à se laisser fasciner par le traumatisme imprégné dans sa mémoire [28]. Il y pense sans cesse, il en rêve sans en parler. Tout événement banal se réfère à son passé blessé, organisant ainsi le syndrome psychotraumatique qui le possède. « Le malheur de ma mère a été le lieu de mes rêves », disait Marguerite Duras [29].

Quand l'existence familiale ou culturelle ne décentre pas l'enfant de lui-même, la pente naturelle l'entraîne vers la morosité puisque sa mémoire lui a appris à réagir ainsi. Lorsque l'enfant a rencontré des moments difficiles, le récit identitaire sera charpenté par des moments douloureux [30]. Mais, lorsque l'entourage familial, amical ou culturel invite l'enfant à se décentrer en découvrant d'autres histoires de vie ou d'autres cultures, alors un pro-

28. Schacter D. L., *À la recherche de la mémoire. Le passé, l'esprit et le cerveau*, Bruxelles, De Boeck Université, 1999.
29. Cité par J.-P. Chartier, communication personnelle, juillet 2006.
30. Singer J. A., Salovey P., « Motivated memory : Self-defining memories, goals and affect regulation », *in* L. L. Martin, A. Tesser (eds), *Striving and Failing : Interactions Among Goals, Affects and Self-Regulation*, Mahwall (N. J.), Erlbaum Associates, 1996.

cessus de résilience verbale sera facile à déclencher, et la mémoire identitaire se composera peu à peu de rituels heureux et d'événements agréables.

Ce remaniement de la mémoire autobiographique a des effets d'entraînement cérébral. Quand un accident blesse la face profonde du lobe temporal gauche qui traite la parole, le sujet ne ressent plus les émotions provoquées par les mots alors qu'il est toujours bouleversé par les images. C'est pourquoi, quelques années plus tard, il garde de cette époque une excellente mémoire des images, alors que son indifférence aux mots ne lui a pas permis d'acquérir une mémoire verbale, un récit de soi [31]. L'altération de la mémoire à cause d'une blessure cérébrale n'est pas irrémédiable puisqu'il suffit d'entraîner le blessé à faire le récit écrit ou parlé de ce qui lui est arrivé pour que progressivement, mot à mot, émotion après émotion, il reconstruise une mémoire verbale après l'accident. C'est pourquoi un blessé cérébral ou un écorché relationnel, abandonné à sa solitude, évolue spontanément vers l'agonie psychique. Sans émotions intimes et sans jalons extérieurs, familiaux ou sociaux, la mémoire reste vide. Pour la remplir, il faut qu'une relation stimule l'amygdale rhinencéphalique *, gare de triage neurologique des émotions qui facilite la mémoire des images et des mots.

La vie psychique revient lentement en construisant l'identité narrative du blessé. Mais, puisque c'est le style relationnel qui oriente le remplissage, on peut dire que les souvenirs qu'on va chercher dans son passé et les mots qu'on choisit pour leur donner forme construisent des

31. Labar K. S., LeDoux J. E., Spencer D. D., Phelps E. A., « Impaired fear conditioning following unilateral temporal lobectomy in humans », *Journal of Neuroscience*, 15, 1995, p. 6846-6855

autobiographies différentes selon le partenaire du récit. Il ne s'agit pas de mensonges, mais de représentations différentes induites par les relations. C'est ainsi qu'on assiste à des bouleversements du schéma de soi quand survient un événement qui chamboule. Le désespoir agit comme un sélecteur de souvenirs. L'événement déclenche une émotion qui stimule le système amygdalo-hippocampique * [32]. La mémoire ainsi éveillée retrouve dans le passé les images et les mots qui donnent forme à ce qu'on ressent à l'instant. C'est pourquoi tout est vrai, même quand on dit le contraire.

La mémoire, ce n'est pas le retour du passé, c'est la représentation de soi qui va chercher dans les traces du passé quelques images et quelques mots. Cette reconstruction donne une forme cohérente au sentiment de bonheur ou de malheur que l'on éprouve, dans l'instant d'une relation. Or ce sentiment se construit jour après jour, au gré des rencontres quotidiennes. De petites interactions insidieuses et répétées ont probablement un effet de façonnement cérébral plus durable que certains grands événements. Une fois que la sensibilité préférentielle a été acquise, tracée dans le cerveau par les interactions banales, un sujet devient capable de percevoir un fait que ne perçoit pas son voisin et d'en faire un événement, majeur pour lui, et sans signification pour l'autre.

32. Schacter D. L., Wagner A. D., « Medial temporal lobe activations, *in* « FMRI and PET », *Studies of Episodic Encoding and Retrieval Hippocampus*, 9, 1999, p. 7-24.

Biologie de la séparation

Les séparations maternelles inévitables et nécessaires peuvent devenir toxiques quand elles provoquent une inondation de corticoïdes. La durée de la séparation peut altérer un enfant, mais en stimuler un autre selon le style relationnel qu'ils avaient avec leur figure d'attachement. Quand le petit craint la séparation parce qu'il en a déjà souffert, son organisme a acquis une aptitude à réagir à cette petite épreuve comme à une alerte [33] et non pas comme à une aventure excitante. Quand les séparations sont répétées et durent plus de trois heures, les sécrétions des hormones du stress (cortisol et ACTH) sont très augmentées. À l'opposé, de courtes séparations suivies du plaisir des retrouvailles ont un effet d'accoutumance qui ne provoque plus cette réaction biologique [34].

Puisque l'on s'entraîne à raisonner en termes de convergence de déterminants, il faut souligner que d'autres facteurs peuvent atténuer ou exacerber l'effet de ces séparations. Les événements prénatals sensibilisent un organisme à interpréter certains stimulus biologiques. Les femelles enceintes stressées mettent au monde des petits qui réagissent vivement à toute stimulation. Les mâles

33. Putnam F. W., « The developmental neurobiology of disrupted attachment », *in* L. J. Berlin, Y. Ziu, L. Amaya-Jackson, M. T. Greenberg, *Enhancing Early Attachments*, New York-Londres, The Guilford Press, 2005, p. 80-81.

34. Francis D. D., Caldji C., Champagne F., Plotsky P. M., Meaney P., « The role of corticotrophin-releasing factor-norepinephrine systems in mediating the effects of early experience on the development of behavioural and endocrines response to stress », *Biological Psychiatry*, 46 (15), 1999, p. 1153-1166.

sont moins sensibles au stress maternel [35]. La sécrétion abondante d'ocytocine par les femelles et de vasopressine par les mâles explique probablement cette différence de réaction à une même situation. Ces expérimentations biologiques et éthologiques invitent plus que jamais à renoncer aux causalités uniques et à intégrer des données de nature différente et pourtant coordonnées. Une mère stressée communique à ses filles une aptitude à réagir par des émotions intenses aux événements de vie. Les mâles, protégés par la vasopressine, réagissent de manière agressive aux mêmes événements. Une petite femelle rendue émotionnelle par l'émotion de sa mère répond à chaque séparation par une inondation de cortisol et d'ACTH qui épuise son organisme et altère les cellules nerveuses de l'hippocampe, support de la mémoire : la petite apprend moins bien parce que sa mère a été stressée avant sa naissance !

Les petits nés d'une mère sécure sécrètent beaucoup d'hormone de croissance, ce qui leur donne un développement morphologique au maximum de leurs possibilités génétiques. Quand la bulle sensorielle des nouveau-nés est stable et rythmée par le bien-être de la mère, ils sécrètent plus d'acétylcholine, ce qui facilite le développement des cellules de l'hippocampe [36]. La synaptogenèse [37] est stimulée par les léchages réguliers de la mère, et ses piétinements alternés avec des phases de repos sensoriels et de brèves séparations.

35. Anisman H., Zahria M. D., Meaney M. J., Merali Z., « Do early-life events permanently alter behavioural and hormonal responses to stressors? », *International Journal of Developmental Neuroscience*, 16 (3-4), 1998, p. 149-164.

36. Liu D., Dioro J., Day J. C., Francis D. D., Meaney M. J., « Maternal care, hippocampal synaptogenesis and cognitive development in rats », *Nature Neuroscience*, 3, 2000, p. 799-806.

37. Formation progressive de l'espace entre deux neurones où se produit la transmission chimio-électrique de l'information *.

Quand le petit sécrète trop de cortisol et pas assez d'hormone de croissance parce que sa mère va mal, des altérations cérébrales, comportementales et morphologiques s'ensuivent. Elles sont réversibles si l'organisme est en cours de développement et si les informations sensorielles du milieu retrouvent une intensité supportable et un rythme proximité-séparation qui stimule le cerveau. On pourra parler de réversibilité si le cerveau et l'organisme reprennent leur cours normal. Et on ne parlera de résilience que si, après une atrophie provoquée par une longue séparation ou une altération produite par un stress intense ou chronique, l'organisme parvient à reprendre un autre type de développement, épanoui malgré tout, mais conservant la trace de la période blessée.

Ce raisonnement psychobiologique nous mène à penser qu'il n'est peut-être pas sain de fuir le malheur pour se jeter dans les bras du bonheur. Nos contraintes neurologiques nous poussent plutôt à organiser un rythme, une pulsation, une respiration où nous cherchons à alterner le bonheur et le malheur.

Les autoroutes de l'affection

La simple anatomie étaie cette idée : les cheminements neuronaux qui véhiculent les avertissements de la douleur côtoient les informations du plaisir. Nos mots nous font croire que ces domaines sont opposés alors qu'ils sont voisins dans le corps et dans le cortex [38]. La

38. Panksepp J., « Feeling the pain of social loss », *Science*, vol. 302, 10 octobre 2003, p. 238.

réaction d'évitement provoquée par une douleur physique, l'affolement émotionnel déchaîné par une perte affective se séparent tout juste en arrivant au cerveau. D'abord, c'est un ensemble de fibres neuronales très fines, dépourvues du manchon de myéline, qui transportent la douleur dans la moelle épinière. Elles côtoient les fibres du tact et de la chaleur qui véhiculent les informations de la caresse. À la base du cerveau *, ces informations sont traitées dans les aires préoptiques ventrales et septales, le noyau dorsomédian du thalamus et les cellules grises périaqueducales où cette gare de triage les envoie sur la face interne du cortex. L'aire cingulaire antérieure reçoit les voies qui véhiculent la souffrance et, juste en arrière, recueille les informations qui provoquent l'euphorie. Ces sentiments sont opposés dans la représentation verbale alors que, dans l'anatomie, les voies du bonheur et du malheur sont voisines. Ces sensations sont facilement associées puisque la perception de l'une provoque le besoin de l'autre. « Je ne me rendais pas compte à quel point j'étais heureux », dit celui à qui un malheur vient d'arriver. « Je croyais que c'était normal d'être élevé comme ça », dit l'enfant maltraité dès qu'il échappe à la souffrance. Un corps où toute information serait circuitée vers le malheur ne permettrait pas d'en prendre conscience. Un milieu où il n'y aurait que du bonheur mènerait au sentiment de vide, de non-bonheur.

Quand un petit cochon d'Inde séparé de sa mère émet des cris de détresse, la caméra à positons révèle qu'il vient d'allumer les circuits de la souffrance : l'aire cingulaire antérieure se connecte au noyau ventroseptal, à l'aire préoptique dorsale, au noyau dorsomédian du thalamus et à l'aire grise préaqueducale *. Quand un petit cochon d'Inde est pincé fortement, les fibres périphériques recueillent le message de la douleur mécanique et le transportent rapidement vers le haut de la moelle épinière où il rejoint les mêmes noyaux de la base du cerveau qui l'orientent ensuite vers l'aire cingulaire antérieure. Ce qui revient à dire que, chez les cochons d'Inde, un pincement douloureux physique ou une perte affective convergent vers la même autoroute neuronale. Que l'information soit mécanique ou affective, c'est la même région cérébrale qui, alertée, provoque des sensations de souffrance.

La souffrance qui rend malheureux serait-elle associée au désir qui rend heureux ? Le système nerveux constitue, sur le fil du rasoir, l'aiguillage qui permet, pour un rien, pour un mot, pour une rencontre, de passer d'une sensation douloureuse au sentiment de bonheur, de l'angoisse à l'extase comme chez les mystiques, du désespoir à l'éclat de rire comme on s'en offusque parfois lors des enterrements.

Il n'est pas rare qu'un abcès ou une hémorragie localisée détruise les cellules de l'amygdale rhinencéphalique *, laissant à cette place un trou ou un bloc macéré qui empêche la circulation des informations de la douleur et de la perte affective. La même altération peut s'observer après un isolement sensoriel où un enfant abandonné n'est plus stimulé par le monde extérieur. Il se stimule lui-même par des balancements, des tournoiements ou des autoagressions qui lui apportent un ersatz d'existence. Souffrir pour vivre un peu quand même. Puis la routine engourdit l'effet stimulant des souffrances. L'enfant devient indifférent, inerte, ni heureux ni malheureux.

Quand l'agonie psychique éteint l'amygdale rhinencéphalique, toute émotion disparaît : il n'y a plus de différence entre la mort et la non-vie.

Puisque l'annonce d'une bonne ou d'une mauvaise nouvelle peut provoquer en nous un sentiment de joie ou de désespoir, on comprend pourquoi le simple pincement du pied « allume » la même zone du cortex cingulaire antérieur que l'énoncé verbal d'un triste événement. Un rejet social, une désapprobation d'autrui allument, eux aussi, cette zone et créent un sentiment douloureux éprouvé dans le corps. Une souffrance relationnelle sera traitée de la même manière et par les mêmes circuits neuronaux qu'une souffrance physique. Cela explique pourquoi 10 % de la population générale souffrent en permanence de douleurs chroniques du dos ou de l'estomac, alors que 43 % d'une population de déprimés souffrent des mêmes maux [39]. Une douleur chronique peut mener à la dépression, aussi sûrement qu'une dépression peut provoquer une douleur chronique, puisque la plaque tournante de ces informations se fait dans l'aire cingulaire antérieure.

Plaisir anxieux du départ, plaisir engourdi du retour

Afin d'induire un sentiment de rejet au moment où le cerveau du sujet est observé en résonance magnétique, Eisenberg a demandé à plusieurs collègues de participer à

39. Évrard N., « Enquête : 75 % des déprimés souffrent de symptômes physiques », *Abstract Psychiatrie*, n° 10, octobre 2005.

un jeu où l'on devait se passer une balle à tour de rôle en se disant des mots aimables. Lorsque, tout d'un coup, à un signal convenu, les expérimentateurs ne se passaient la balle qu'entre eux, en évitant de parler et de jouer avec celui dont on enregistrait le fonctionnement cérébral. Le simple fait de s'apprêter à recevoir la balle et de se trouver soudain exclu de la communication allumait l'aire cingulaire antérieure, comme en cas de douleur physique [40]. Plus le sentiment de rejet est intense, plus le cerveau de la douleur consomme des substances énergisantes. Mais, très rapidement, une équilibration cérébrale se met en place : il suffit que le sujet frustré renonce à jouer et s'oriente vers une autre activité mentale pour que la zone préfrontale s'allume, inhibant ainsi les informations désagréables. Ce couplage d'opposés explique la possibilité organique de combattre la souffrance grâce à une psychothérapie ou sous l'effet d'un nouveau projet d'existence.

Les neuromédiateurs qui participent à la sensation du malheur expliquent les manifestations somatiques d'anorexie, d'abattement, de douleurs diffuses et même de paupières gonflées. En cas de détresse, les endorphines s'effondrent, mais il suffit de rencontrer un substitut affectif et de parler agréablement avec quelqu'un pour que leur taux remonte. Le malheureux éprouve ainsi un soulagement physique, en même temps que le bonheur de s'attacher à celui ou à celle qui lui redonne le plaisir de vivre en l'aidant à maîtriser sa douleur.

L'oxymoron cérébral fait fonctionner ensemble un couple d'opposés : les informations de la souffrance abou-

40. Eisenberg N. I., Lieberman M. D., Williams K. D., « Does rejection hurt ? A FMRI study of social exclusion », *Science*, 302, 2003, p. 290-292.

tissent à l'aire cingulaire antérieure * qui presque aussitôt se connecte à une bandelette située à la face inférieure du lobe préfrontal droit qui, à son tour, alerte l'aire cingulaire postérieure voisine où aboutissent les informations du plaisir.

Une telle organisation correspond à ce que l'on constate en clinique de l'attachement quand un être vivant a besoin d'un autre pour tutoriser ses développements. Le petit manifeste autour de cet autre (sa figure d'attachement) d'incessants allers-retours. Il explore son monde en s'éloignant de cette figure privilégiée, jusqu'au moment où, effrayé, il se précipite en retour pour se blottir contre elle. Le plaisir et l'angoisse d'explorer l'inconnu augmentent le bonheur de retrouver le connu et de s'y attacher. L'agréable sentiment d'aimer ne peut se développer que s'il existe un danger extérieur qu'il permet d'apaiser. Sans base de sécurité, sans figure à aimer, l'affolement du petit le ferait vivre dans une souffrance constante. Mais à l'opposé, dans un monde engourdi, il n'aurait pas besoin d'aimer. De même que pour nouer un lien il faut joindre deux ficelles opposées, pour tisser un attachement il faut solidariser deux exigences antagonistes : l'exploration et la sécurisation. Le plaisir angoissant de la découverte doit s'associer au plaisir engourdissant de la familiarité. On ne peut apprendre l'inconnu qu'à partir d'une base de sécurité connue. Et pour qu'un objet devienne une base de sécurité, il faut qu'une alerte lui donne sa fonction sécurisante.

Peut-être observe-t-on le même oxymoron affectif chez les adultes ? Jusqu'à la Seconde Guerre mondiale, dans une société où n'existaient ni la Sécurité sociale ni les caisses de retraite, c'est le couple qui assurait cette fonction de base de sécurité. C'est à partir de lui qu'on éprouvait le plaisir angoissé de tenter la conquête du monde et, en cas de malheur, c'est auprès de son conjoint qu'on se réfugiait afin de retrouver le bonheur d'être entouré. Cela implique que, dans un contexte en paix, l'exploration du monde sera moins angoissante, mais, en cas de malheur, on n'aura pas appris à donner à l'autre son pouvoir sécurisant. Quand le contexte n'est plus effrayant, on n'est plus entouré par sa famille, on y est enfermé !

Le même processus se déroule en psychanalyse quand les changements de pensées provoqués par les interprétations du praticien étonnent le patient et le déroutent de ses habitudes intellectuelles, de ses ruminations. Le soulagement provoqué par cette distanciation l'attache au praticien. Le transfert affectif, ce lien nouveau analysé lors des séances permettra de mieux contrôler les répétitions anciennes.

La proximité neuronale du bonheur et du malheur correspond probablement à la nécessité de survie archaïque. Presque tous les êtres vivants savent résoudre le problème de la souffrance et du plaisir en fuyant la première pour chercher le second. Pour que ces deux pulsions opposées soient couplées il faut rapidement inhiber la réaction de fuite ou d'attirance. On ne peut pas passer sa vie à fuir le malheur, pas plus qu'à se gaver de bonheur. Dès qu'un malheur est provoqué on rêve de bonheur. Dès que le bonheur est gagné le vainqueur engourdi perd la sensation de vivre et cherche l'événement. C'est le couple d'opposés qui permet la survie.

La ficelle qui unit l'âme au cerveau

Quand l'aire cingulaire antérieure est altérée, l'animal n'émet plus les cris de détresse qui provoquent la rescousse maternelle. Or, un animal qui ne peut plus souffrir meurt, abandonné par ses proches qu'il ne bouleverse plus. Alors qu'un être vivant qui exprime sa souffrance provoque le soutien et s'attache à ceux qui accourent pour le sauver. Sans souffrance pourrait-on aimer? Sans angoisse et sans perte affective aurait-on besoin de sécurité ? Le monde serait fade et nous n'aurions peut-être pas le goût d'y vivre.

Les organismes humains n'échappent pas aux déterminismes biologiques. Mais la possibilité de créer un monde de représentations leur permet de remanier le monde qu'ils perçoivent, de l'améliorer ou de l'aggraver, d'en faire une bénédiction ou une malédiction. Quel que soit ce nouvel aiguillage, c'est toujours le cerveau qui sert de trait d'union entre les perceptions biologiques et les représentations mentales.

Le cas Bernadette illustre cette idée. À l'âge de trente-deux ans, la jeune femme a dû être hospitalisée pour une brûlure grave de la cuisse. Au cours de sa vie, elle avait déjà subi plusieurs fractures indolores, et c'est une odeur de barbecue qui lui avait fait prendre conscience qu'elle était en train de se brûler. À l'hôpital, le diagnostic d'agénésie congénitale à la douleur fut posé [41]. Cette maladie

41. Danziger N., Willer J. C., « Tension-type headache as the unique pain experience of a patient with congenital insensitivity to pain », *Pain*, 5849, 2005, p. 1-6.

génétique rare est due au fait que l'organisme n'a pas développé les gènes des fibres C dépourvues de myéline qui, habituellement, transportent à toute allure les informations de la douleur physique. Au cours de son existence, Bernadette avait pourtant ressenti une douleur physique le jour où on lui avait appris la mort de son frère dans un accident de voiture. Quand la terrible nouvelle lui fut annoncée, Bernadette, malheureuse, en resta hébétée. Mais, une demi-heure plus tard, elle ressentit une intense céphalée et une douleur diffuse. À cause de son anomalie génétique, aucune douleur physique ne pouvait être véhiculée jusqu'au cerveau. Un simple énoncé, une phrase : « Votre frère vient de mourir » avait déclenché une douleur physique dont elle n'avait jamais fait l'expérience.

Ce n'est pas la perception d'un coup, ce n'est pas non plus la perception d'un manque qui avait entraîné sa douleur puisque son frère ne vivait plus auprès d'elle depuis longtemps. C'est la représentation verbale d'une perte affective qui, en bouleversant son monde intime, avait déclenché une souffrance physique.

Cette patiente ne savait pas que son anomalie neurologique et sa souffrance psychique illustraient une idée de Freud : « [...] Une absence, un objet perdu, crée exactement les mêmes conditions de douleurs qu'une partie blessée du corps [42]. »

Dire qu'on se sent physiquement mal après la mort d'un être cher n'est pas original. Personne ne sera bouleversé si je dis qu'une bonne nouvelle nous euphorise et qu'une mauvaise nous rend triste. Ce qui est nouveau,

42. Freud S. (1926), *Inhibition, symptôme et angoisse*, Paris, PUF, 1951 ; cité *in* N. Danziger, J. C. Willer, réflexion soulevée par Gérard Osterman, séminaire Ardix Bordeaux, 14 décembre 2005.

c'est qu'on peut analyser comment une modification du milieu réel, tout autant que l'énoncé de quelques mots peuvent modifier le fonctionnement d'un organisme humain. Nous pouvons comprendre maintenant comment une psychothérapie infléchit durablement le fonctionnement du cerveau [43]. Lorsque son entourage familiarise un enfant avec la représentation sécurisante de papa-protecteur et de maman-réconfort, il éprouve le sentiment que provoque cette représentation. Une simple évocation, en parlant ou en examinant une photo de famille suffit à éveiller l'émotion. On peut même imaginer qu'en regardant un film qui nous fait rire et pleurer nos aires cingulaires postérieures et antérieures fonctionnent intensément. Nous nous soumettons aux représentations que nous inventons, pour notre plus grand plaisir ou pour notre malheur.

La nouvelle vie du défunt

Je vais essayer d'éclairer cette idée avec l'exemple du deuil. Quand il était vivant et qu'il nous côtoyait, l'autre marquait son empreinte dans notre mémoire biologique. Nous étions accoutumés au son de sa voix, à ses habitudes comportementales, à sa présence réelle. Le jour où il est mort, notre monde sensoriel a été bouleversé puisque l'autre n'y était plus. Mais le cher disparu existait encore dans nos souvenirs et nos photos, autant que dans nos mots, dans les récits que sa famille et sa culture faisaient

43. Fischer K. W., Pipp S., « Development of the structures of unconscious thought », *in* K. Bowers, D. Meichenbaum (eds), *The Unconscious Reconsidered*, New York, Wiley, 1984, p. 88-148.

de son existence passée. Que le point de départ soit sensoriel ou verbal, le chagrin allume la même zone cérébrale, ce qui déclenche une émotion et modifie la biologie de l'endeuillé.

Ce mode de raisonnement permet de dire que, lorsqu'on perd un être aimé, une partie de soi est arrachée, emportée avec le mort. Notre monde sensoriel s'est vidé d'une présence. Mais, quand on est affectivement entouré, le côtoiement des autres colmate un peu la brèche. Et si la culture donne sens à la mort, on cherche à redonner une direction de vie, un projet où le défunt prendra une place particulière. Même s'il n'existe plus dans le réel on se réfère encore à lui : « Mon père serait fier de ce que je viens de faire... Si ma mère me voyait. » Le mort est mort bien sûr, mais il continue une autre forme d'existence quand nous pensons à lui et qu'il gouverne encore une partie de notre vie.

Lorsque les pertes ne sont ni entourées ni sensées, il ne reste à l'endeuillé qu'à se recroqueviller pour moins souffrir. La douleur l'empêche de parler, il serre les dents et s'isole. On fait de même quand la culture nous fait taire. C'est la signification de la mort qui organise nos défenses : quand le frère a été abattu par la police parce qu'il venait de tirer au hasard dans la foule, quand le père nazi a été pendu, les proches ne peuvent que se taire. Le recroquevillement antalgique qui empêche le partage du chagrin et la socialisation de la détresse chasse le survivant du monde humain. Dans ce cas, la perte n'est pas un deuil, c'est un trou dans l'âme, un vide sans représentations, un kyste, une crypte dans un monde intime qui se prépare au clivage.

En cas d'empêchement de rituels de deuil, l'endeuillé muet devient pour ses proches une base d'insécurité. La simple perception de l'autre, silencieux et abattu, évoque le désespoir, la honte ou la culpabilité. Une telle réaction explique pourquoi 70 % des couples qui perdent un enfant divorcent dans les dix-huit mois qui suivent la mort, ajoutant ainsi une souffrance à la souffrance. Mais, dans ces familles mutiques où l'être aimé a disparu sans rituel d'adieu, tout bonheur devient honteux quand il prend la signification d'une trahison : « Comment oses-tu jouir de la vie alors que ton enfant est mort dans la souffrance ? »

La perte est individuelle, mais le deuil est collectif [44]. Il exige le soutien affectif qui stimule sensoriellement l'endeuillé autant que le travail de deuil qui permet à la culture de donner sens à la disparition provoquant ainsi le remaniement des représentations : « Depuis que j'ai fait un cadre avec ses photos, depuis que j'écris sa biographie, je ressens moins le vide de la perte puisque j'apprends à vivre avec lui, non plus avec sa présence réelle, mais avec celle de sa représentation. »

Ce travail de deuil explique pourquoi une perte précoce chez les tout-petits mène à la catastrophe quand il n'y a pas de substitut affectif. Au stade préverbal, les représentations sont encore incertaines. Quand une figure d'attachement disparaît c'est une énorme partie de leur monde sensoriel qui s'éteint. L'enveloppe biologique qui entoure le bébé perd ses stimulus permanents auditifs, tactiles, odorants et visuels puisque l'autre n'est plus là. La figure d'attachement disparue ne fournit plus les informations perceptuelles et émotionnelles qui auraient dû sti-

44. Hanus M., *Les Deuils dans la vie*, Paris, Maloine, 1994.

muler le cerveau limbique. Rien ne parvient à l'aire cingulaire, ni bonheur, ni malheur, ni représentations puisque le petit ne sait pas encore organiser un décor d'images pour représenter le défunt ou raconter quelques anecdotes pour le faire vivre encore un peu. Son monde réel se vide, le circuit limbique s'éteint, expliquant l'atrophie cérébrale par absence de stimulations biologiques.

Cette manière d'envisager le deuil, en analysant séparément la perte affective et la représentation de l'être aimé perdu, permet de comprendre que tous les deuils ne sont pas liés à la mort [45]. Un isolement affectif atrophie l'aire fronto-limbique par carence en stimulations biologiques, aussi sûrement qu'un déficit culturel le prive d'un travail de représentations qui aboutit aux mêmes zones cérébrales. Une perte innommable, par assassinat ou guerre, correspond à une perte indicible quand l'entourage contraint au silence un enfant dont le monde intime reste fasciné par la mort [46]. Les facteurs de résilience qui permettent de ne pas demeurer dans l'agonie psychique sont composés par le théâtre des funérailles et le remaniement affectif du milieu.

Toutes les morts ne sont pas identiques

Cela permet de comprendre pourquoi la mort de la mère provoque moins de troubles que la disparition du

45. Poletti R., « Les deuils dans l'enfance », *Abstracts Neuro et Psy*, n° 169, septembre 1997, p. 15-30.

46. Bacqué M.-F., Haegel C., Silvestre M., « Résilience de l'enfant en deuil », Le Bouscat, L'Esprit du Temps, *Pratiques psychologiques*, 1, 2000, p. 23-33.

père [47], ce qui est contre-intuitif. Quand la mère cesse de vivre, le père malheureux souffre, mais le monde de qui entoure l'enfant change peu car l'altération paternelle est compensée par d'autres figures d'attachement qui, depuis la mort de la mère entourent l'enfant (tantes, oncles, amies ou substituts). Le monde de l'enfant n'est plus le même, mais il trouve autour de lui quelques structures affectives qui lui permettent de poursuivre un développement résilient modifié par l'absence maternelle. La mort du père, paradoxalement, change plus le monde de l'enfant puisque, désormais, il est obligé de se développer au contact d'une mère dépressive, isolée et parfois désorganisée.

Cette donnée clinique souligne l'importance du contexte familial et culturel dans le travail du deuil et ses conséquences psychologiques et développementales. Quand la mère endeuillée est isolée comme dans notre culture individualiste, elle devient une base d'insécurité pour ses enfants. Alors que, dans les cultures où la mort est sensée et la veuve entourée, la constellation affective où baigne l'enfant est remaniée, mais n'empêche pas la poursuite d'un développement.

La culture n'est pas toujours protectrice. Parfois, le mythe du deuil raconte qu'une femme sans mari n'est pas capable d'élever un enfant. La police, alors, vient enlever le petit pour le placer dans une institution inaffective. Cette culture aggrave le deuil en modifiant l'enveloppe sensorielle qui entoure les endeuillés et les mène à l'indifférence protectrice, mais non résiliente.

47. Saler L., Skolnick N., « Childhood parental death and depression in adulthood : roles of surviving parent and family environment », *American Journal of Orthopsychiatry*, 62, 4, 1992, p. 504-516.

Les circonstances réelles de la mort participent à la construction du sens dont s'imprègne le fait. Une mort brutale par accident de voiture provoque souvent une hébétude traumatique, alors qu'une mort attendue par suite d'une maladie grave induit un travail de trépas qui précède la mort réelle. Quand arrive la dernière heure, le groupe a déjà préparé la réorganisation d'une famille qui devra continuer à vivre sans le défunt Il n'est pas rare que l'annonce de la mort provoque un soulagement culpabilisant et vaguement honteux. On voit alors surgir des conflits qui avaient été contenus par la présence de celui qui allait mourir. Le deuil devient révélateur de problèmes enfouis, et de remaniements affectifs d'une famille qui se prépare à fonctionner sans son mort.

Quand les survivants de la Shoah ont été regroupés, presque tous étaient honteux de survivre parce qu'ils pensaient avoir abandonné leurs proches en les laissant aller à la mort sans leur donner de sépulture. On ne peut pas jeter le cadavre d'un être qu'on aime encore. Les circonstances sociales les avaient obligés à commettre ce crime auquel leurs fantasmes secrets donnaient une forme inavouable : « Puisqu'il allait mourir, je lui ai pris sa boulette de pain... En détournant le regard, j'ai évité la sélection qui m'aurait condamné à mort : c'est ma sœur qui a été prise à ma place ! » Ce sentiment de culpabilité atroce est souvent à l'origine de fantasmes inconscients d'expiation, de gentillesse morbide ou de peur du bonheur.

Madame M... à Alger veut prendre l'autobus pour rentrer chez elle. Sa petite fille de cinq ans, capricieuse, se traîne par terre et exige des bonbons. Après quelques phrases exaspérées, la mère demande à la petite de garder sa place dans la queue tandis qu'elle entre dans le bureau de tabac voisin pour acheter quelques friandises. C'est alors que l'explosion énorme jette violemment madame M... par terre. En sortant, elle voit un énorme trou à la place de la file d'attente. Hébétée, elle contemple les lambeaux de vêtements et les morceaux de chair dispersés. Elle tient à la main le paquet de bonbons qui vient de se charger d'une terrible signification : « Ma petite fille est morte à ma place. Elle m'a sauvé la vie, je n'ai pas su la protéger. » Quand, après l'hébétude, la souffrance est enfin apparue pour la punir de son « crime », madame M... a senti que tout bonheur était devenu honteux, insupportable. Peu à peu, elle s'est laissé entraîner dans un malheur apaisant. L'attentat terroriste avait bouleversé la signification qu'auparavant elle attribuait aux choses, et c'est le plus tranquillement du monde qu'elle a accepté de souffrir d'un nombre surprenant de maladies.

Les théories de l'attachement, après quelques disputes de famille avec la psychanalyse, ont tout de même mis le pied dans la biologie. Et, comme le souhaitait Freud, elles permettent aujourd'hui de comprendre comment un deuil psychique, non lié à la mort, mais lié à la perte « d'une abstraction... la patrie, la liberté, un idéal[48]... » peut, en modifiant les circuits cérébraux, provoquer des maladies organiques.

« Le comportement de deuil est conçu comme une série de " conduites d'attachement " : pleurs, agitation, recherche de l'objet perdu... maintien de la mémoire pour garder en soi la personne vivante... puis redéfinir sa rela-

48. Freud S. (1915-1917), *Œuvres complètes, Deuil et mélancolie*, t. XIII, traduction française, J. Altounian, A. Bourguignon, Paris, PUF, 1994.

tion au défunt [49]... » En somme, le travail de deuil consiste à garder un lien avec l'être perdu, en remaniant notre manière de l'aimer.

Biologie de la perte affective

Chez tous les êtres vivants où la souffrance encéphalisée ne se contente plus de la douleur réflexe qui passe par la moelle épinière, la perte réelle d'un proche est traitée de la même manière que la dégradation d'une représentation. Quand un singe ou un éléphant perd un être familier, il souffre de la modification de son milieu désormais privé d'une figure d'attachement. Mais, quand, quelques années plus tard, il revient sur le lieu de la mort, recouvre le squelette avec des feuilles et manifeste les signes comportementaux de la détresse, on peut penser qu'il répond à la représentation d'un réel passé et non plus à une perception présente. Les dosages biologiques révèlent que ce désespoir est corrélé à une forte augmentation du cortisol sanguin témoignant que l'alerte biologique n'est pas provoquée par la perception du cadavre (qui d'ailleurs n'est plus là), mais par la mémoire du « cher disparu », évoquée simplement par le lieu où il est mort.

Quand les électroencéphalogrammes ont pu être réalisés, ils ont montré l'avance du sommeil paradoxal qu'on note chez tous les malheureux, quelle que soit leur espèce (homme, chien ou singe). La détresse empêche le plaisir de se laisser aller à l'engourdissement des premiers stades de l'endormissement. Les endeuillés ne peuvent tomber

49. Bourgeois M.-L., *Deuil normal, deuil pathologique*, Paris, Doin, 2003, p. 13.

dans le sommeil que lorsqu'ils sont épuisés, raccourcissant ainsi les phases lentes initiales. Cette avancée du sommeil rapide qui intervient quinze à vingt minutes après l'endormissement, au lieu des quatre-vingt-dix minutes habituelles chez l'homme, raccourcit le stade des ondes lentes qui constituent le stimulus bioélectrique des noyaux gris de la base du cerveau. Ceux-ci sécrètent donc moins d'hormones de croissance et d'hormones sexuelles. Les taux d'ocytocine et de prolactine sont eux aussi réduits, témoignant d'une faible aptitude de l'organisme à jouir de la vie puisque les muscles récepteurs de ces hormones ne sont plus assez imbibés pour provoquer une tension physique agréable.

Chez un singe ou un éléphant, le simple fait de percevoir le lieu où a disparu un être d'attachement fait revenir la détresse. Alors vous pensez bien que, chez un être humain dont le monde intérieur est rempli par des représentations, ce genre de souffrance fait retour au moindre indice qui rappelle le défunt et au moindre rituel inventé pour y faire penser. À chaque anniversaire, le simple fait de rappeler le défunt provoque une émotion. La perception d'un objet ou d'un événement culturel qui évoque le disparu suffit à provoquer des réactions émotionnelles dont on peut évaluer l'impact biologique : « [...] La mémoire de l'événement peut engendrer un stress post-traumatique, la réponse immunitaire peut se transformer en allergie et la réponse normale à la douleur se convertir en douleur chronique [50]. » Dans les états de détresse provoqués par une perte affective réelle ou par la représenta-

50. Mosca D. L., Banchero M., « Stress post-traumatique, allergie et douleur chronique. Pathologies comorbides ou interchangeables ? », *Stress et Trauma*, 6 (1), 2006, p. 35-40.

tion de cette perte, on note une chute des lymphocytes et une production d'anticorps qui expliquent l'allergie si fréquente dans ces cas. L'augmentation du cortisol et des catécholamines alerte l'amygdale rhinencéphalique qui en est un récepteur privilégié. La moindre information est ressentie comme un danger.

Le veuvage est une situation où l'on peut évaluer l'effet biologique d'une perte affective. Il y a en France presque cinq millions de personnes qui ont perdu leur conjoint, surtout des veuves. Les hommes survivants supportent mal la vie sans elles. Beaucoup de maladies cardiaques apparaissent lors des mois qui suivent la perte. On constate aussi un pic de cancers, de diabètes et de maladies pulmonaires. Il ne s'agit pas de dire que le mariage protège de la grippe, mais de penser que la stabilité affective provoque une régularité des métabolismes que le veuvage déséquilibre. L'immunodépression, attribuable au stress et au chagrin, défend moins l'organisme contre les infections.

Mythes et biologie de la perte

Le style d'attachement qui caractérisait le couple permet de prédire la souffrance du veuvage. Les couples fusionnels où chacun servait à l'autre de base de sécurité unique connaîtront une solitude douloureuse. Puisque l'hyperattachement est presque toujours la preuve d'un lien insécure où la présence de l'autre est indispensable, la disparition de l'aimé provoque une déchirure traumatique aussi grave que celle du nourrisson qui perd sa mère. Les métabolismes déréglés et la désorganisation du monde perçu rendent difficile le remaniement affectif du travail de deuil. L'organisme n'est plus protégé contre les maladies. La confusion mentale et le désintérêt expliquent le nombre élevé d'accidents parmi les veufs d'anciens couples fusionnels.

À l'inverse, les attachements ambivalents où les désaccords empoisonnaient la vie quotidienne composent la cohorte de ceux qui font des veuvages moins douloureux [51]. Il arrive que certaines personnes âgées, anxieuses à l'idée de perdre leur conjoint, soient étonnées de ne pas souffrir de sa perte réelle. D'autres, qui s'imaginaient qu'elles seraient soulagées par la disparition du conjoint conflictuel, sont déconcertées par leur souffrance inattendue. Ainsi frappe l'ambivalence, même après la mort où le lien affectif avec le défunt persiste mais se modifie.

Le scandale est encore plus grand quand on découvre que les hommes qui ne souffrent pas de la perte de leur femme deviennent des vieillards éblouissants [52] ! Peut-être sont-ils de gros transporteurs de sérotonine qui les rend peu sensibles à la perte affective ? Peut-être ont-ils été dominés par une femme qu'ils n'ont pas beaucoup aimée, ce qui leur a permis de ne pas souffrir de sa perte ? Dans l'ensemble, les veufs se suicident plus que les veuves, mais moins que les célibataires, hommes et femmes [53].

Le rassemblement de ces données permet de dire que le couple a un effet protecteur contre la dépression et la maladie. Or ce sont les lois sociales, les croyances et la

51. Parkes C. M., Weiss R. S., *Recovery from Bereavement*, New York, Basic Books, 1993.

52. Clayton P. J., Halikas J. A., Maurice W. L., « The depression of widowhood », *British Journal of Psychiatry*, 120, 1972, p. 71-78.

53. Bourgeois M.-L., *op. cit.*, p. 82.

technologie qui structurent les familles où circule l'affection. Il y a quelques décennies, en France, le deuil était à la fois familial et collectif. On exposait le corps du défunt, les passants se signaient le long du cortège, et les cloches sonnaient quand la famille le portait en terre. En ce début de XXIe siècle, le rituel est modifié : les amis se réunissent pour dire « adieu » et entourent les proches chez qui l'on se retrouve pour « boire un verre ».

La perte est une perception du manque qui dépend du tempérament de la personne et de sa relation avec le défunt. Alors que le deuil est une représentation du manque qui dépend de l'entourage familial et culturel. La perte est irrémédiable alors que le deuil évolue comme un traumatisme, selon ce qu'en feront la famille et la culture. Les conséquences sentimentales et les modifications biologiques des endeuillés dépendent de la confluence de tous ces facteurs et non pas d'une seule cause qui expliquerait tout.

Cette manière de formuler la question permet de comprendre qu'une perte précoce induit un trouble développemental en bouleversant l'environnement sensoriel de l'enfant, à un moment où il n'est pas encore capable de faire un travail de deuil. Mais, à ce stade, le rétablissement d'un milieu sensoriel analogue à celui qu'offrait la mère permet une reprise de développement résilient [54]. Le trouble biologique, l'acquisition d'un style de développement adapté à la perte sensorielle de la mère ne provoquent des troubles définitifs que si la culture laisse l'enfant seul. On peut déclencher au contraire un proces-

54. Klass D., Silverman P. R., Nickman S. L. (eds), *Continuing Bonds : New Understandings of Grief*, Washington D. C., Taylor and Francis, 1996.

sus de résilience si la culture dit que le deuil d'un enfant est réparable par un substitut. Le discours culturel organise alors l'enveloppe sensorielle qui favorise la reprise d'un développement résilient.

Quand les protestations d'un petit orphelin sont interprétées comme une preuve de son mauvais caractère, les adultes croyant dresser l'enfant l'isolent et le punissent. L'enfant se calme en effet, parce qu'il a incorporé dans sa mémoire un désespoir appris. À la longue, il s'adapte grâce à l'indifférence affective qui lui permet de moins souffrir [55]. La souffrance est donc plus saine que l'indifférence que l'entourage supporte mieux. Après une période de troubles du sommeil, de difficultés alimentaires, d'explosions relationnelles et de douloureux chagrins, l'enfant se sent moins mal quand l'indifférence le gagne [56]. Cette adaptation est une antirésilience puisqu'elle empêche les relations affectives et sociales.

Quand un organisme a appris à souffrir, il intègre tout événement et toute rencontre dans une connotation endolorie qui explique la facilité des rechutes dépressives, quatre fois plus fréquentes chez les orphelins précoces que dans la population générale [57]. Il faut se méfier de l'expression de la souffrance ; ceux qui l'expriment le plus ne sont pas les plus altérés puisqu'ils ont encore la force de la manifester. Alors que ceux qui montrent une sidération affective perturbent moins l'entourage, mais ils

55. Fraley R. C., Shaver P., « Loss and bereavement. Attachment theory and recent controversies concerning "grief word" and the nature of detachment », *in* J. Cassidy, P. R. Shaver, *op. cit.*, p. 736.

56. Klas D., « Solace and immortality : bereaved parents continuing bonds with their children », *Death Studies*, 17, 1993, p. 343-346.

57. Wortman C. B., Silver R. C., « The myth of coping with loss », *Journal of Consulting and Clinical Psychology*, 57, 1989, p. 349-357.

témoignent d'une agonie psychique. La solution qui permettra la reprise d'un développement se trouve dans la culture plus que dans le sujet. Les neuromédiateurs effondrés, les hormones asséchées donnent à la survie un goût de tristesse, parce qu'un stéréotype culturel a dit qu'il fallait dresser ces enfants ou les isoler à cause de leur ingratitude : « Après tout ce qu'on a fait pour eux. »

Notre culture a confondu la carence affective et le travail de deuil. La détresse est récupérable quand le milieu réorganise des stimulations sensorielles. Le travail de deuil est proche du mythe : c'est lui qui prescrit les rites qui entourent un orphelin ou un endeuillé, structurant ainsi l'environnement sensoriel qui agit sur son cerveau.

III

LES DEUX INCONSCIENTS

Les chevaux de l'inconscient

On vient tout juste de prendre conscience de l'inconscient. Il paraît qu'au XVIIe siècle Leibniz parlait des « petites perceptions dont nous n'avons point conscience [1] ». Au XIXe siècle, le romantisme nous a fait baigner dans « les royaumes crépusculaires de la conscience » (Coleridge), dans « l'au-delà du psychisme » (Goethe), dans « les coins secrets du cœur et des ombres spirituelles où le soleil ne pénètre jamais » (Woodworth) [2]. En fait, le concept d'inconscient doit beaucoup à Carl Gustav Carus, professeur de zoologie à l'Université de Vienne, qui, en 1850, a écrit un livre intitulé *Das Unbewusste* (l'inconscient). L'auteur y soutenait que les animaux savent, mais ne savent pas qu'ils savent. Il y parlait de la vie de l'âme et expliquait qu'entre la conscience claire et l'inconscient absolu que nous connaissons sous le nom de

1. Fillioux J.-C., *L'Inconscient*, Paris, PUF, « Que sais-je ? », 1954.
2. Gay P., *Freud. Une vie*, Paris, Hachette, 1991, p. 421.

Nature un inconscient relatif permettait d'envoyer quelques sondes exploratrices. À la même époque, von Hartmann écrivait sa *Philosophie de l'inconscient* (1869) où il distinguait l'inconscient dans la vie corporelle et l'inconscient dans l'esprit humain. À partir de ce courant d'idées fortement inspirées par Nietzsche et Schopenhauer, de nombreuses thèses furent soutenues pour défendre le concept d'inconscient et de subconscient [3]. Pendant la seconde moitié du XIXe siècle, quelques hardis philosophes pensaient déjà qu'un psychisme des profondeurs, inaccessible à la conscience, nous gouvernait à notre insu, mais qu'on pouvait y accéder grâce à quelques émissaires tels que l'analyse des rêves qui provoquait l'irruption de l'inconscient dans le conscient.

Il est pourtant clair que, sans Freud, ces intuitions seraient restées passionnantes mais éparpillées. Grâce à la découverte du refoulement qui consiste à s'empêcher de prendre conscience d'une représentation affectivement insupportable, la psychanalyse nous a invités à réfléchir aux mécanismes de défense qui en dérivent et font émerger l'angoisse et ses symptômes [4].

Il se trouve que, depuis deux décennies, les progrès des neurosciences et la neuro-imagerie donnent un nouvel éclairage à cet ancien problème. Les chevaux ailés de Platon qui tirent en même temps l'attelage de l'âme dans des directions opposées, l'esprit d'Adam écartelé entre deux pulsions contraires, l'une qui aspire au divin tandis que l'autre l'entraîne vers les pouvoirs obscurs de la chair,

3. Colsenet E., *Études sur la vie subconsciente de l'esprit*, 1880, cité *in* J.-C. Filloux, *op. cit.*, p. 12.

4. Freud S. (1915), « *Das Unbewusste* (l'inconscient) », *in Métapsychologie*, Paris, Gallimard, 1952.

peuvent aujourd'hui s'étudier grâce à l'inconscient cognitif associé et opposé à l'inconscient freudien.

Freud, tenté par une telle démarche, avait souhaité écrire une « Psychologie à l'usage des neurologues [5] », puis il avait mis son manuscrit à l'ombre, probablement parce que les connaissances neurobiologiques de son époque lui paraissaient insuffisantes. C'est Marie Bonaparte qui a convaincu Anna Freud de publier cette esquisse. Puis, notre culture occidentale nous a entraînés à raisonner comme si un corps pesant pouvait exister en ignorant son âme immatérielle qui flottait dans l'éther. Cet homme coupé en deux où chaque moitié fonctionnait en méprisant l'autre a donné des explications surprenantes : constatant qu'une tumeur ou un hématome cérébral troublait le fonctionnement psychique, les adorateurs de la matière ont conclu que l'homme n'était gouverné que par son cerveau. Ce qui a horrifié les dévots de l'âme qui, constatant le refoulement, en ont aussitôt déduit que le cerveau n'était qu'une cochonnerie sans rapport avec le psychisme. Les chevaux ailés de Platon qui tirent l'attelage de l'âme dans des directions opposées le font pourtant avancer sur un même chemin. La neurobiologie moderne leur donne raison : si vous avalez une substance telle que la réserpine, vous éprouverez un désespoir sans raison, et si vous avalez un cachet d'amphétamine vous serez euphorique sans plus de motifs. Que l'origine soit matérielle ou affective, c'est dans votre corps que vous souffrirez ou jouirez, et c'est dans votre cerveau que se fera la convergence phénoménologique entre une substance qui tarit la sécrétion de la séro-

5. Freud S. (1895), « Esquisse d'une psychologie scientifique », *in La Naissance de la psychanalyse. Lettres à Wilhelm Fliess*, notes et plans, Paris, PUF, 1956, p. 307-396.

tonine, support biologique d'une sensation de bonheur, et la perte affective qui fait tout pareillement chuter ce neuromédiateur. Pour moins souffrir vous pourrez donc avaler un antidépresseur qui remonte la sécrétion des monoamines, ou rencontrer quelqu'un qui, par sa relation et son talent, pourra modifier vos manières de voir et de sentir.

Il paraît que la locution « inconscient cognitif » est née en 1987 quand des neurophysiologistes ont enquêté sur le pouvoir de « persuasion clandestine des messages subliminaux [6] ». La première fois que j'ai employé cette expression dans un milieu de psychanalystes, j'ai provoqué trois syncopes, deux convulsions et cinq tentatives d'assassinat. Et puis, après quelques échanges, beaucoup ont reconnu que cette locution pouvait désigner un autre inconscient, où un cheval cognitif et un cheval freudien tirent en s'opposant un même attelage sur un même chemin.

À l'époque où Freud se disait « plus méfiant que jamais à l'égard de la philosophie », Carl Claus, son professeur de zoologie, l'avait envoyé à la station de biologie marine de Trieste pour y étudier l'hermaphrodisme des anguilles (vous avez bien lu). Le jeune Freud disséqua quatre cents poissons et n'y trouva que « des anguilles du sexe faible », confirmant ainsi l'observation de Syrski, un chercheur polonais. Plus tard, il rencontra Joseph Breuer dans le laboratoire de neurophysiologie d'Ernst Brücke et se souvint de ces « humbles poissons » dont il compara les cellules à celles du système nerveux des humains.

Cela lui permit de concevoir la notion de « fixation-régression », par analogie avec la croissance et l'arrêt de

6. Kihlstrom J. F., « The cognitive unconscious », *Science*, vol. 137, 18 septembre 1987.

développement des cellules gonadiques de ces « petits poissons ». Il publia en 1877 cette observation dans le cadre de l'Institut de zoologie et d'anatomie comparée de l'Université de Vienne [7]. Quand on lit ce travail, couronné par le prix scientifique de la ville de Francfort (1930) pour une recherche naturaliste, une idée nous vient aussitôt en tête : heureusement qu'il a découvert la psychanalyse ! Cette étude naturaliste pourtant l'a préparé à l'« Esquisse », psychologie pour neurologues qu'il justifie en écrivant qu'« il est loin de penser que le psychologique flotte dans les airs sans fondements organiques [8] ».

Le mot « inconscient » peut donc désigner des phénomènes de nature différente, opposée et associée comme l'attelage des chevaux ailés. Freud et Lacan, excellents neurologues, auraient été heureux d'entendre ce qu'aujourd'hui la neuropsychologie de la mémoire aurait pu leur apprendre : « [...] Bien loin de contredire les théories psychanalytiques elle paraît au contraire les compléter [9]. » Une empreinte sensorielle venue d'un événement extérieur peut frayer dans le cerveau une trace sans souvenir (inconscient cognitif), tout autant qu'un « souvenir peut rester inconscient non lorsqu'il est oublié, mais lorsque le sujet ne parvient pas à en prendre la mesure [10] » (inconscient psychanalytique).

7. Kohn M., « Observation de la conformation de l'organe lobé de l'anguille décrit comme glande germinale mâle », thèse de philosophie consacrée aux écrits préanalytiques de Freud, Paris-X-Nanterre, 1979, *in* P. Fédida, D. Widlöcher, *Les Évolutions. Phylogenèse de l'individuation*, Paris, PUF, 1994, p. 9-20.

8. Freud à Fliess, 22 septembre 1898, *in La Naissance de la psychanalyse*, Paris, PUF, 1956.

9. Lechevalier B., *Le Corps et le sens*, Genève, Delachaux et Niestlé, 1998, p. 219.

10. Pommier G., *Comment les neurosciences démontrent la psychanalyse*, Paris, Flammarion, 2004, p. 220.

L'inconscient cognitif ne sait pas qu'il sait. L'inconscient freudien s'arrange pour ne pas savoir

La clinique neurologique illustre sans peine l'existence de l'inconscient cognitif, comme la cure psychanalytique confirme l'inconscient du refoulement.

Gustave était jardinier quand un accident de voiture lui a fait perdre la mémoire. Son neurologue se promène avec lui sur le terrain de golf où il travaillait. Gustave, tout en bavardant, prend une direction, suit des sentiers, tourne à certains embranchements et arrive... à la cabane à outils ! Il entre et, tout en conversant, trouve les pièces éparpillées d'un échenilloir qu'il monte sans hésiter. Consciemment, il soutenait qu'il n'était jamais venu dans ce golf et ne se souvenait plus de son métier, mais son corps, lui, avait gardé la mémoire des lieux et des gestes.

On peut même donner une interprétation cognitive de l'acte manqué. Un avocat entre dans sa voiture pour se rendre à son cabinet, comme chaque matin. Au moment de démarrer, il se rend compte qu'il ne peut pas conduire parce que, sans s'en rendre compte, il a enfilé ses grosses bottes de jardinage [11]. Il comprend alors que la réunion prévue ce matin l'angoisse parce que, d'habitude, il se détend en jardinant. Prenant conscience de son acte manqué, il est bien obligé de reconnaître qu'il va au travail en traînant les pieds.

11. Baddeley A., *La Mémoire humaine. Théorie et pratique*, Grenoble, Presses universitaires de Grenoble, 1993, p. 144.

Nous avons tous eu l'occasion d'entendre un collègue arrivant au bureau dire « au revoir », puis tenter de se rattraper en bredouillant vite autre chose. Le lapsus, acte manqué de la parole, a exprimé ce que son corps sentait malgré sa volonté consciente de ne pas le savoir.

Une autre preuve de l'inconscient cognitif est fournie par la « mémoire amorcée ». Quand vous ne parvenez pas à vous rappeler le nom de quelqu'un que vous voulez citer, vous orientez d'abord votre recherche vers la musique de son nom : « Potopop... non, plutôt Patapa... quelque chose comme ça... trois sonorités, pas plus. » Vous cherchez dans vos impressions un indice phonologique, une harmonie qui pourrait réveiller vos traces cérébrales. Soudain : « Cavada, voilà, c'est ça ! » Et le mot ainsi produit provoque un étonnant apaisement corporel parce que votre mémoire vient de combler un vide. Votre représentation cognitive du monde redevient cohérente : vous êtes sécurisé par un mot retrouvé !

L'inconscient cognitif repose sur des traces de mémoire biologique. Mais cette mémoire non consciente ne concerne pas l'inconscient freudien où l'évocation n'est pas supportable. Dans l'inconscient cognitif, on ne sait pas qu'on sait, on apprend sans savoir qu'on apprend et on répond sans s'en rendre compte. Alors que, dans l'inconscient freudien, la mémoire biologique est intacte, le souvenir pourrait être là, mais on s'arrange pour ne pas le faire revenir afin de garder une relation paisible avec nous-même, notre entourage et notre culture. On sait, mais, afin de rester en paix, on ne fait rien de ce savoir.

Dans le syndrome de Korsakoff, les relais neurologiques de la mémoire sont grillés par l'alcool ou lacérés par un traumatisme. Le malade, incapable neurologiquement d'aller chercher des souvenirs dans son passé, comble le trou de ses représentations en inventant des histoires parfois cocasses. Claparède, un pionnier de la recherche sur les troubles de la mémoire, avait inventé une expérimentation clinique un peu sadique : chaque matin, il serrait la main des malades atteints de Korsakoff avec une aiguille dissimulée dans sa paume. Les jours suivants, les malades qui avaient subi la poignée piquante refusaient de lui tendre la main et inventaient des justifications aberrantes : « Dans mon milieu, ça ne se fait pas... je suis fatigué... je ne vous connais pas assez. » Les malades non piqués, eux, n'hésitaient pas. Les amnésiques peuvent donc apprendre, même quand ils soutiennent qu'ils n'ont rien appris [12] !

Le fait que la mémoire amorcée révèle qu'on peut apprendre à son insu explique peut-être le pouvoir thérapeutique des jeux de mots. Un analysant raconte que, dans son rêve, il montait une côte raide à bicyclette, tandis que sa femme l'accompagnait, confortablement installée dans une voiture décapotable. Le psychanalyste aurait pu interpréter ce rêve en disant que l'analysant faisait des efforts laborieux tandis que sa femme se la coulait douce. Il a préféré déconstruire le mot « bicyclette » et dire : « Dans "bicyclette", il y a "bésicles" : qui donc vous a offert votre première paire de lunettes ? » Ça a marché ou plutôt ça a roulé pour l'analysant surpris, décentré de ses routines de pensée. Sa mémoire amorcée par le mot « bésicles » l'a orienté en effet vers une relation particulière que sa mère

12. Croisille B., « Dix mémos sur la mémoire », *Les Dossiers de la Recherche*, n° 22, février-avril 2006, p. 22.

se faisait du visage de l'enfant auquel elle désirait donner une apparence intellectuelle. Tout le monde n'est pas sensible à ce type d'amorçage qui fait revenir en conscience un morceau de passé [13]. Le jeu de mots, Meccano verbal, a fait prendre conscience d'une relation particulière qui était dans la mémoire de l'analysant mais dont sa conscience ne jouait pas.

Mémoire sans souvenir chez les insectes et les savants

La compréhension soudaine des mathématiciens et des scientifiques pourrait s'expliquer par l'irruption de l'inconscient cognitif. On flotte, on tourne autour d'un problème dont on n'a pas une représentation claire, on incube, et puis soudain un déclencheur inattendu donne forme à la brume : « Eurêka... j'ai compris ! » C'est en montant dans un autobus à Coutances que Poincaré, fatigué par un long travail inefficace, a tout à coup établi une relation entre deux problèmes séparés. C'est en rêvant d'un serpent qui se mord la queue que Kekule s'est réveillé en comprenant qu'il fallait donner une forme cyclique à ses analyses chimiques du benzène. C'est en s'engourdissant au cinéma que François Jacob pense à la centrifugeuse à légumes que vient d'acheter sa femme et, dans un éclair, comprend que c'est ainsi qu'il pourra séparer les noyaux lourds du reste de la cellule.

Cet inconscient biologique, tracé dans le cerveau par une pression extérieure, donne à l'organisme une mémoire

13. Schacter D. L., *À la recherche de la mémoire*, *op. cit.*, p. 201.

sans souvenirs. En ce sens, l'empreinte éthologique peut être considérée comme un prototype d'inconscient cognitif.

Les manipulations expérimentales de l'imprégnation des canetons ont permis de décrire un phénomène facile à observer : entre la treizième et la seizième heure après sa sortie de l'œuf, l'oisillon s'attache à tout objet qui passe à ce moment dans son champ visuel. Il acquiert, en un éclair, une perception privilégiée (sa mère ou tout objet mouvant) vers laquelle désormais il s'orientera préférentiellement. Cet objet, mieux perçu que tout autre, devient pour lui une figure d'attachement dont la présence sécurisante lui permet de poursuivre ses développements biologiques et comportementaux, alors que son absence bloque ses acquisitions et provoque des troubles biologiques [14]. L'acquisition par l'organisme d'une attirance sécurisante et épanouissante se fait de manière fulgurante et durable, au cours d'une période précise où le corps sécrète un pic d'acétylcholine, neuromédiateur de la mémoire [15].

Ce phénomène d'empreinte est universel dans le monde vivant. Chez les insectes, les poissons et les oiseaux, l'organisme acquiert une attirance préférentielle pour une information simple, une odeur, une couleur ou une forme géométrique. Chez les mammifères et les primates (non humains et humains), l'objet extérieur qui s'imprègne dans la mémoire intime est polysensoriel. Dès qu'il est tracé dans le cerveau, le petit perçoit cet objet d'empreinte mieux que tout autre, ce qui lui donne une référence. En sa

14. Lorenz K., *King Solomon's Ring*, New York, Harper Collins, 1979; et Panksepp J., *Affective Neuroscience*, *op. cit.*, p. 272-275.

15. Chapouthier G., *Mémoire et cerveau. Biologie de l'apprentissage*, Paris, Le Rocher, 1988; et *Biologie de la mémoire*, Paris, Odile Jacob, 2006.

présence sécurisante, le monde devient excitant, source d'explorations et d'apprentissages. En son absence, le même monde, les mêmes informations sensorielles extérieures prennent une valeur d'alerte puisque la référence apaisante n'est plus là. Et le petit, affolé, ne peut plus rien apprendre.

Il faut souligner que le simple fait que le petit dépende d'un objet référent, d'un signifiant biologique, permet sa survie. Quand sa mère est imprégnée dans la mémoire du petit, sa vue, son odeur, ses cris et ses touchers ont pour fonction de réduire la distance et d'offrir une base de sécurité à partir de laquelle le monde devient amusant à explorer.

Un petit macaque, pendant ses deux premiers mois, regarde intensément sa mère, répond instantanément à ses cris et se fait toiletter au moindre stress. En revanche, les passerelles sensorielles qui tissent le lien d'un petit singe capucin sont différentes. Il ne regarde pas sa mère puisqu'il s'accroche sur son dos et ne se glisse sous son ventre que pour téter. Le lien sensoriel d'un chaton est surtout sonore : dès qu'il s'éloigne de sa base de sécurité, la mère émet une sorte de doux roucoulement auquel le petit répond aussitôt en se rapprochant d'elle pour jouer à attaquer sa queue ou ses oreilles. Avec le développement, la dépendance mère-enfant s'estompe : le petit capucin quitte le dos de sa mère vers le quatrième mois et, en cas d'alerte, se jette dans les bras d'un compagnon pour s'y sécuriser [16]. Les macaques ont une stratégie d'indépendance un peu différente : ils sont sécurisés uniquement par leur mère pendant quatre

16. Byrne C. D., Suomi S. J., « Activity patterns, social interaction and exploratory behavior in Cebus Cappelle infants from birth to one year of age », *American Journal of Primatology*, 35, 1995, p. 255-270.

mois et se blottissent contre elle trois fois plus que les capucins. Leurs compagnons n'ont pas d'effet tranquillisant, seule la dépendance maternelle les sécurise tant qu'ils n'accèdent pas à l'autonomie. Chez les chatons, on observe une autre stratégie de distanciation. Vers le troisième mois, la dépendance assumée par le roucoulement et les jeux se transforme en conflit : la mère menace ses petits qui, rejetés, sont contraints à l'indépendance.

Ces observations interespèces posent plusieurs problèmes [17]. John Bowlby a pu concevoir sa théorie de l'attachement à partir des observations de macaques, de chatons et de ratons. Mais, si Robert Hinde lui avait exposé l'éthologie du capucin ou d'autres espèces qui n'ont pas besoin d'attachement pour se développer, la réflexion du psychanalyste aurait été moins facilitée.

Enveloppe sensorielle biologique

La méthode éthologique interdit d'extrapoler entre un capucin, un macaque, un chaton ou toute autre espèce. Pourquoi voulez-vous qu'on extrapole à l'homme ? Mais cette méthode comparative pose la question fondamentale : « Un homme pourrait-il vivre sans attachement ? » La méthode expérimentale permet d'analyser comment un lien se tisse, se trouble ou se déchire et comment parfois on peut le réparer. Les ratons et les humains vont me permettre de développer cette idée.

L'enveloppe sensorielle d'un raton est composée de stimulations biologiques qu'il ne perçoit pas au hasard. Dès

17. Cassidy J., Shaver P. R., *op. cit.*, p. 185.

sa naissance, il saisit préférentiellement l'odeur et les pressions mécaniques sur son dos et son abdomen. Ces déterminants biologiques ne l'empêchent pas d'affûter ses perceptions sensorielles. Pendant les neuf premiers jours, le raton, qui vit dans un monde d'effluves, apprend à distinguer l'odeur précise de sa mère, comme une signature olfactive qui la caractérise, elle. Ce canal sensoriel s'imprègne dans sa mémoire et constitue ainsi un élément fort de la base de sécurité qui, extérieure à lui, va modifier ses comportements et les rendre hardis, exploratoires. Si, expérimentalement, on isole ce raton, l'absence d'enveloppe sensorielle arrêtera tous ses développements biologiques. Le raton sain va tomber malade parce qu'on a déstructuré son milieu. Il ne pourra même plus digérer le lait qu'on a trait de sa mère pour le lui donner à la pipette.

La « psychothérapie » consiste alors à lui donner des petits coups sur le dos et à lui pinçouiller la queue [18]. Très rapidement, il reprend ses explorations et digère le lait ! Les stimulations provoquées par le tapotement du dos et le pinçouillement sont pour lui des signifiants biologiques qu'il aurait reçus en milieu naturel quand sa mère, rentrant au nid, l'aurait piétiné ou lui aurait mordillé la queue pour le déplacer. En léchant vigoureusement son abdomen, elle aurait provoqué une activation électrique du cerveau qui, communiquée à l'hypothalamus, aurait augmenté sa sécrétion de norépinéphrine, exactement comme l'ont fait les expérimentateurs « psychothérapeutes ». Étant donné que la mère retourne au nid vingt fois par jour, piétinant, mordillant, léchant et allaitant ses petits, elle stimule régu-

18. Camp L. L., Rudy J. W., « Changes in the categorization of appetitive and aversive events during post-natal development of the rat », *Development Psychology*, 21, 1988, p. 25-42.

lièrement leur cerveau et le rend sensible à ce type d'information, constituant ainsi un « équivalent fonctionnel d'empreinte [19] ».

Les mères humaines ne piétinent pas leur bébé, mais elles l'entourent avec une enveloppe sensorielle composée de brillance des yeux, d'odeur, de voix et de manière de manipuler qui constitue un analogue d'empreinte. Le bébé, ainsi enveloppé par des sensorialités stables, les imprègne dans sa mémoire, ce qui fraye dans son cerveau les synapses qui lui permettront désormais de percevoir préférentiellement ce type d'information. Quand on place un nouveau-né entre deux boules de coton dont l'une est imprégnée par l'odeur d'une personne inconnue, il n'y réagit pas. Mais, si, à ce moment-là, on lui frotte vigoureusement le dos comme l'aurait fait une toilette maternelle, son cerveau stimulé s'imprègne vite de la nouvelle odeur, la rendant ainsi familière. Et, le lendemain, quand on place le bébé entre les deux cotons, c'est vers la nouvelle odeur qu'il tournera la tête en se mettant à téter [20].

Enveloppe sensorielle historique

Le problème chez l'être humain, c'est que cette enveloppe sensorielle est fortement historisée. Un tel raisonnement qui intègre l'histoire des représentations mentales abstraites avec une enveloppe sensorielle concrète est un argument contre-intuitif. Notre culture au dualisme clivé

19. Sullivan R. M., Wilson D. A., « The locus coeruleus norepinefrine and memory in newborns », *Brain Research Bulletin*, 35, 1994, p. 467-472.
20. Sullivan R. M., Taborsky-Barbar S., Mendoza R., Itino A., Leon M., Cotman C., Payne T. F., Lotti I., « Olfactory classical conditioning in neonates », *Pediatrics*, 87, 1991, p. 511-518.

nous a appris à raisonner en catégories séparées où le cheval du corps galope dans un autre monde que le cheval de l'âme. Et pourtant...

Quand on a présenté à madame Hem... la petite fille qu'elle venait de mettre au monde, son premier sentiment fut une colère : ce bébé était mignon, c'était insupportable ! Madame Hem... a fondu en larmes devant les sages-femmes stupéfaites. D'emblée, elle a rejeté le bébé. Elle a dû se forcer pour la nourrir, elle la toilettait brusquement et n'éprouvait jamais le plaisir de jouer avec elle. Voir une mère désespérée parce que son bébé est mignon n'a pas d'apparence logique. Cela ne peut se comprendre que lorsqu'on connaît l'histoire de cette mère et qu'on apprend que son premier enfant est né malformé, privé du bras droit, avec un bras gauche atrophié. La mère s'est attachée à ce bébé blessé comme on s'attache à un petit être vulnérable. Et, lorsque deux ans plus tard elle a vu apparaître un second bébé avec ses deux bras, c'est un sentiment d'injustice qu'elle a éprouvé ! Son histoire douloureuse et tendre avec le premier enfant l'a rendue hostile au second parce que la petite fille était mignonne, parce qu'elle avait deux bras : quelle injustice ! Chaque petit chagrin du bébé provoquait des réactions agressives : « Tu n'as pas à te plaindre, toi. Tu as tes deux bras. » À l'adolescence, le garçon avait acquis un attachement sécure, travaillait bien à l'école, entouré d'une bande de gentils copains qui l'ont aidé à se socialiser malgré son handicap. La fille, rejetée à cause de sa beauté, s'imprégnait d'un attachement insécure d'enfant mal aimée, fuguait et échouait à l'école et dans la société.

L'empreinte chez l'homme n'est pas un déterminant absolu comme le croyait Lorenz puisque chaque stade de son développement est gouverné par des déterminants de nature différente. Encore faut-il qu'à chaque niveau de la croissance le cerveau établisse des transactions avec les enveloppes sensorielles, verbales et culturelles. La construction du genre sexuel peut illustrer ce raisonnement intégratif.

Au départ, tous les embryons sont femelles, mais, dès les premières semaines, la sécrétion des hormones sexuelles commence à différencier les corps et les cerveaux [21]. Les futurs organes génitaux prennent des formes spécifiques et le cerveau devient sensible à des informations que perçoit mieux un sexe que l'autre. Cette préparation biologique sexualisée rencontre une situation extérieure qui, elle aussi, est sexualisée par les représentations parentales et les mythes culturels.

On ne s'adresse pas à un bébé fille de la même manière qu'à un bébé garçon, composant ainsi des enveloppes sensorielles différentes qui marquent dans l'enfant des empreintes dissemblables [22]. Quelques années plus tard, le développement corporel et le façonnement cérébral devront s'harmoniser avec les récits culturels qui disent comment une fille ou un garçon doivent se comporter pour se conformer à la condition sociale de leur sexe. Désormais, c'est le mythe qui organise les circuits tutorisant la poursuite des acquisitions comportementales sexuées : « Un garçon ne doit pas jouer à la poupée... ce n'est pas féminin de grimper aux arbres... un homme devrait avoir honte de faire ce métier de femme... »

21. McEwen B. S., Alves S. E., « Estrogen actions in the central nervous system », *Endocrinological Review*, vol. 20, 1999, p. 279-307.

22. Cyrulnik B., *Sous le signe du lien*, Paris, Hachette, 1989; et Soubieux M.-J., Soulé M., *La Psychiatrie fœtale*, Paris, PUF, 2005.

Dans un tel raisonnement, la construction du genre, d'abord biologique sous l'effet de déterminants génétiques et hormonaux, transige graduellement avec l'alentour sensoriel. D'abord, les représentations parentales organisent l'enveloppe de signifiants où baigne l'enfant qui en reçoit les empreintes. Les mimiques, les gestes des parents, leurs interdits préverbaux, leurs encouragements viennent de leur propre histoire et de l'idée qu'ils se font de la condition sexuelle de leur enfant. Dès les petites années, l'histoire des mœurs dispose autour des bambins les modèles comportementaux auxquels ils devront se soumettre sous peine d'être mal acceptés. Au début du XXe siècle, un garçon de bonne famille devait porter des robes de dentelle et des cheveux bouclés à l'anglaise jusqu'à l'âge de sept ans. Ensuite, tout d'un coup, on le rasait, on l'habillait en homme et on lui apprenait à se battre afin de le préparer aux guerres inévitables qu'il aurait à endurer. En ce début de XXIe siècle, nos récits moralisateurs valorisent plutôt la parité. On met de gros rubans sur les trois cheveux des bébés filles, on habille les nourrissons garçons avec des treillis de combat, et puis soudain, à l'adolescence, on leur dit qu'il n'y a pas de différence entre les sexes et qu'il est immoral de croire en la disparité.

Quand on vous demandera : « Combien y a-t-il de sexes ? », vous ne pourrez plus répondre « deux ». Si mon raisonnement vous a convaincu, vous direz qu'il y a des gradients sexuels qui se sont construits sur des fondements biologiques mais ont été tutorisés vers des formes différentes, imaginaires et culturelles [23]. Vous pourrez citer l'exemple de Louisette qui, à l'âge de trois ans, a dit :

23. Vidal C., Benoit-Browaeys D., *Cerveau, sexe et pouvoir*, Paris, Belin, 2005.

« Quand je serai grande, je serai un " papa ". » L'éclat de rire des adultes a fait entrer le malheur dans sa vie. Son sexe anatomique était déjà dissocié de son sexe imaginaire, et, quand elle bourrait sa culotte de papier pour se faire croire qu'elle pourrait devenir un papa, c'est un chagrin immense qu'elle préparait chaque soir lorsque, en se déshabillant, elle retrouvait son anatomie réelle.

Elle aurait certainement été moins malheureuse chez les Inuits du Grand Nord qui pensent que le sexe imaginaire est plus important que le sexe anatomique. Il suffit qu'une dame rêve qu'un pénis lui a poussé pendant la nuit pour que tout le monde trouve normal qu'au réveil elle s'habille en homme et parte à la chasse.

Le milieu enrichi des ouistitis

Le nombre immense de cultures qu'on peut inventer avec nos récits se conjugue avec le nombre inimaginable de mondes mentaux que l'on découvre dans chaque personne. Même biologiquement, la vie a pris un nombre fantastique de formes différentes grâce à la partie non codante du génome [24]. Nous ne pouvons pas tout envisager, sous peine d'être confus. Et puis, la vie est si brève. Alors, pour donner forme au monde et nous sécuriser, nous découvrons des éclairs de vérité dont nous faisons des généralisations absurdes.

Grâce aux capteurs techniques, la neurobiologie fournit un nombre élevé d'instantanés qui, en soulignant la plasticité du cerveau, changent notre regard sur les déter-

24. Devau G., séminaire Lourmarin Janssen-Cibag (17 décembre 2005).

minismes qui, presque tous, sont à courte échéance : « Un million de milliards de connexions neurales nous permettent de percevoir, de construire nos souvenirs, mais aussi de savoir, de décider et d'agir [25]. » Nos pensées paresseuses nous invitaient à croire que le cerveau, constitué une fois pour toutes, s'usait au cours de l'âge avec les accidents de la vie. Les neurologues ont eu beaucoup de mal à faire accepter l'idée qu'un apprentissage spontané ou intentionnel pouvait nourrir et développer les neurones. Aujourd'hui, les scientifiques acceptent sans peine l'idée que les cellules de l'hippocampe, les plus sensibles aux expériences émotionnelles, modifient l'efficacité des synapses, les améliorent ou les altèrent, selon la manière dont le milieu les entraîne.

Les ouistitis élevés dans des milieux enrichis par des branches, des creux, des cascades à explorer et des recoins pour se cacher ont développé un hippocampe et un cortex préfrontal gonflés de dendrites et de corps cellulaires, de prolongements nerveux et de substances conductrices de l'influx. Les petits singes de même espèce élevés dans des milieux appauvris ont des dendrites moins longues et des protéines synaptiques moins abondantes expliquant l'atrophie de certaines zones cérébrales et la lenteur des acquisitions cognitives.

Quand une mère rate lèche l'abdomen de son petit, elle stimule à la fois son cerveau et ses réflexes digestifs. La même interaction quelques semaines plus tard n'aura plus le même effet, puisque la synaptogenèse fulgurante du début de la vie se ralentit très tôt chez le rat et le rend moins

25. Laroche S., « Comment les neurones stockent les souvenirs », *Les Dossiers de la Recherche*, n° 22, février-avril 2006.

sensible à la même information de léchage. Une stimulation externe nourrit le cerveau et augmente ainsi ses connexions comme un muscle qui grossit quand on l'entraîne. Les circuits synaptiques stabilisés gonflent le cerveau et avivent le traitement des informations [26]. Mais un cerveau ne s'informe pas de n'importe quoi. Il se nourrit des stimulations dont il était avide : une abeille s'affole d'odeurs et d'ultraviolets, un éléphant d'infrasons, et un bébé de caresses et de phonèmes, petits éléments sonores du langage articulé qui le font déjà vivre dans un monde sensoriel orienté vers la parole. Une fois façonné par les empreintes de son milieu, le cerveau s'alimente des informations biologiques auxquelles ses rencontres précoces l'ont rendu préférentiellement sensible. Après ça, essayez de vous dépatouiller avec le problème de l'inné et de l'acquis !

La morphométrie cérébrale est aujourd'hui bien affûtée. Elle permet de mesurer la profondeur des sillons et des circonvolutions cérébrales grâce à la résonance magnétique (IRM) à trois dimensions. Les photos permettent d'étudier la variation des structures qui se mettent en place avant la naissance et commencent à subir le pouvoir façonnant de l'environnement [27]. Cette méthode permet d'étudier avec précision la variation de consommation d'énergie du cortex. Les images quantifiées produisent un chiffre représenté par une couleur sur la photo de scanner : quand une zone cérébrale consomme beaucoup de glucose

26. Siegel D. J., Hartzell M., *Parenting from the Inside Out : How a Deeper-Self-Understanding Can Helps You Raise Children who Thrive*, New York, Penguin Putnam, 2003.

27. Martinot J.-L., « Apport de l'imagerie cérébrale dans la plasticité liée à la dépression : à propos de deux exemples », *Culture Psy-Neurosciences*, n° 1, 2005, p. 4-5.

par minute et par centimètre carré parce qu'elle fonctionne intensément, cette partie du cortex « s'allume » en jaune ou rouge. Et quand elle est peu utilisée, elle reste noire ou bleue. Selon le type de souffrance psychologique, la carte cérébrale prend des couleurs variées. Les lobes préfrontaux des schizophrènes restent dans le bleu et fonctionnent à peine alors que les sujets sains les font passer au rouge, révélant ainsi leur disposition d'esprit à anticiper, à quêter constamment des objets et des projets à réaliser. Les déprimés mélancoliques présentent une hypofrontalité plus marquée à gauche, démontrant avec cette image qu'ils n'ont plus envie de parler. En effet, le pied de la frontale ascendante gauche* s'allume quand une personne droitière s'apprête à parler. Et si, pour des raisons de maladie, d'existence difficile ou de relations troublées, cette personne n'est plus en disposition de parler, son état d'âme ne provoque plus l'augmentation de consommation du glucose énergétique dans son lobe frontal gauche.

Le cerveau devient la conséquence d'un état d'âme aussi sûrement que l'état d'âme peut être la conséquence du cerveau : un isolement affectif éteint les deux lobes préfrontaux aussi fatalement qu'une altération organique de ces deux lobes éteint tout état d'âme. Les deux chevaux ailés, encore eux !

Le rêve des aveugles

Pour expliquer comment fonctionne l'inconscient cognitif, on peut se demander comment rêvent les aveugles. Étant donné que la plupart de nos rêves sont remplis d'images et de fortes émotions, comment font-ils, eux, pour produire des images de rêve ? Ce problème est important puisque nous passons un tiers de notre vie dans un lit à rêver, même les hommes d'action. D'ailleurs, le rêve est une action immobile qui correspond à un moment où notre cerveau consomme une énorme quantité d'énergie en court-circuitant les muscles du corps qui, au moment du rêve, sont complètement flasques. Il est facile de faire une IRM ou un EEG [28] à un sujet endormi. On voit sans peine à l'IRM les zones occipitales qui traitent les informations avec lesquelles on fait des images passer au rouge chez le rêveur. On voit sans peine à l'EEG, après un bref état crépusculaire d'endormissement, apparaître d'amples ondes électriques lentes qui précèdent l'alerte cérébrale au moment où le corps est flasque et profondément endormi. Les figures visuelles qui surgissent à ce moment dessinent nos émotions mal conscientes, révélant ainsi sous forme d'images symboliques les problèmes que nous avions enfouis quand nous étions en état de veille. Un événement réel a frayé un circuit cérébral non conscient qui, sous l'effet de l'alerte électrique déclenchée lors du sommeil par la stimulation d'un noyau du tronc cérébral [29], réveille ces traces cognitives et provoque une image.

Les aveugles de naissance confirment cette explication quand ils nous expliquent qu'ils rêvent sans images. Ils ne voient que des couleurs, des arcs électriques et des dentelles lumineuses comme lorsqu'on appuie sur nos globes oculaires. Leur cortex occipital n'ayant pas été frayé par les

28. EEG : électroencéphalogramme.

29. Dement W. C., *Dormir, rêver*, Paris, Seuil, 1981 et Peretz L., *Le Monde du sommeil*, Paris, Odile Jacob, 1998.

informations visuelles de la journée précédente, aucune image ne peut être réveillée par leurs rêves.

Les personnes qui ont perdu la vue avant cinq ans voient en rêvant des tableaux abstraits un peu plus élaborés que les arcs et les points lumineux des aveugles de naissance. Ce n'est que lorsqu'ils ont perdu la vue après l'âge de sept ans que les aveugles peuvent rêver avec des images imprégnées dans leur cortex occipital.

Ceux qui sont atteints de cécité à l'âge adulte ou dans la vieillesse non seulement font des rêves fortement imagés mais ont souvent des hallucinations visuelles... alors qu'ils sont aveugles [30] !

L'IRM pose une autre question : moins le lobe occipital fabrique d'images, comme c'est le cas pour les malvoyants, plus il consomme d'énergie qui allume la partie postérieure du cerveau. Un sujet sain qui perçoit avec précision les longueurs d'ondes visuelles que son cerveau réorganise en images consomme juste l'énergie dont il a besoin pour mettre en jeu l'extrême pointe du lobe occipital que l'on voit sous forme de petite tache rouge *.

Chez les aveugles, l'imprécision du traitement de l'information et la grande consommation d'énergie permettent d'aller chercher dans d'autres zones cérébrales quelques informations compensatoires. C'est ainsi qu'une image mal traitée, diffusant jusqu'à la partie antérieure du lobe occipital, rejoint les zones du lobe pariétal qui d'habitude traitent les informations du toucher. Ces circuits compensatoires s'établissent rapidement expliquant pourquoi, lorsqu'un aveugle lit en braille, en palpant un livre,

30. Lebon O., cité *in* N. Daki, « Rêve et cécité : une question de sens », *Le Monde de l'intelligence*, janvier-février 2006.

c'est sa zone occipitale qui s'allume comme s'il voyait des images : le toucher hypertrophié a pris la place de la vision défaillante. La résilience est bien neuronale, d'abord.

J'ai eu l'occasion de faire une expérimentation dans le noir absolu et j'ai été surpris par ma nouvelle manière de percevoir autour de moi et en moi un monde sensoriel instantanément différent. Bien sûr, je n'osais pas marcher, et il a fallu m'aider. Dès qu'on m'a adressé la parole, je n'ai pas pu faire autrement que tendre l'oreille, et cette posture d'immobilisation a supprimé toutes les synchronies mimiques et gestuelles de mes conversations. J'étais devenu une oreille. J'étais devenu un nez aussi puisqu'il a suffi qu'un collègue débouche une bouteille pour que je sente aussitôt, très fortement, une odeur d'acide acétique ! Ce bon vin, dans le noir absolu, avait un parfum de vinaigre, ce qui m'a fait comprendre qu'on boit aussi avec les yeux. Et j'étais devenu un capteur de chaleur car, lorsque le déboucheur est passé derrière moi, j'ai senti, comme une évidence palpable, la chaleur de son corps, son volume et sa distance par rapport à moi. Le goût des aliments avait changé dans le noir : je palpais avec mon nez, je reniflais la fièvre des autres et je percevais avec acuité le moindre tremblement de leur voix. Il a suffi de faire revenir la lumière, très lentement, pour que mon enveloppe sensorielle perde ce pouvoir de compensation. J'ai pensé aux autistes ou aux surdoués qui associent facilement les couleurs et les sons, la musique et les odeurs, et croient que la parole est un objet sensoriel. Peut-être existe-t-il un mode de reprogrammation, de refrayage, de retraçage des circuits cérébraux ? La plasticité cérébrale est plus grande que ce qu'on croyait, mais elle n'est pas infinie.

On peut aujourd'hui tenir des raisonnements qui intègrent les données scientifiques au lieu de les opposer.

– C'est un noyau du tronc cérébral qui déclenche le sommeil paradoxal (sommeil d'alerte, alors que le corps est coupé du monde extérieur). Le déterminant est clairement génétique puisque chaque espèce dort à sa manière, selon son code. Certaines maladies du sommeil, communes aux chiens et aux humains qui s'endorment en sursaut à chaque émotion forte [31], sont transmises génétiquement.

– Puis l'empreinte cérébrale venue du monde extérieur a frayé dans le cerveau des circuits neuronaux qui expliquent les traces de mémoire sans souvenirs.

– Au moment des alertes cérébrales du sommeil, les ondes bioélectriques passent plus facilement dans ces circuits déjà tracés par l'empreinte des événements des journées précédentes. Cette stimulation électrochimique produit alors les images, les couleurs, les sons et les émotions fortes du rêve.

– À notre réveil conscient, nous pouvons tenter de rappeler ces étranges scénarios nocturnes, témoins du réveil des traces et révélateurs de ce qui n'était pas conscient.

– Il suffit alors d'élaborer ces scénarios, d'en faire un travail verbal, pour les intégrer dans notre vie quotidienne et découvrir une part d'inconscient, comme nous l'a appris Freud [32].

Supprimez un seul point de ce système et c'est l'ensemble qui s'effondre : sans tronc cérébral et sans

31. Derouesné C., *Pratique neurologique. Narcolepsie, maladie de Gélineau*, Paris, Flammarion, « Médecine », 1983, p. 167-168.

32. Freud S., *Le Rêve et son interprétation*, Paris, Gallimard, 1925.

neuromédiateurs, avec quoi pourriez-vous rêver ? Sans frayage synaptique et sans empreinte du monde extérieur, à quoi pourriez-vous rêver ? Sans image et sans émotion, pourquoi rêveriez-vous ? Et sans récit à l'attention d'un autre, que feriez-vous de vos rêves ?

L'empreinte sexuelle

L'ocytocine, la vasopressine et les opioïdes jouent un rôle majeur dans l'empreinte et le style de socialisation [33]. Une séparation chez un poussin provoque une détresse comportementale, un affolement tel qu'il devient incapable de se socialiser (au sens poussin du terme qui consiste à apprendre les rituels d'interaction de son espèce). Il suffit de lui injecter un peu de ces substances pour en faire un poussin qui ne souffrira pas de la perte, n'aura pas besoin de figure d'attachement et se socialisera mal, le plus euphoriquement du monde. C'est l'association de l'angoisse de la perte et de l'apaisement des retrouvailles qui donne à la mère poule un statut sensoriel, une saillance de figure d'attachement. Le poussin s'en sert comme d'une base de sécurité à partir de laquelle il acquiert le plaisir de se socialiser : c'est un couple d'opposés qui lui a appris cette agréable compétence. Les chevaux ailés, encore eux, même chez le poussin !

On voit alors, à la neuro-imagerie, l'ocytocine se répandre dans les « aires du bonheur » : l'aire cingulaire antérieure de la face interne du cortex, aire préoptique de la cupule diencéphalique, le noyau dorsomédian du thala-

33. Panksepp J., *Affective Neuroscience*, *op. cit.*, p. 272-275.

mus et l'aire grise périaqueducale qui mène au tronc cérébral [34]*.

Chez l'homme autant que chez la femme, l'ocytocine est sécrétée par les noyaux de l'hypothalamus postérieur * d'où elle part dans le sang *via* l'hypophyse. C'est une relation humaine qui stimule l'émission de cette neurohormone dont les récepteurs corporels sont différents chez l'homme et la femme. Au moment d'une relation sexuelle, les partenaires sécrètent beaucoup d'ocytocine qui les rend euphoriques et sensibles l'un à l'autre, créant ainsi une période propice à l'empreinte mutuelle : on s'apprend par cœur quand on s'aime. Chez les femmes, l'accouchement, qui n'est pas forcément une partie de plaisir, provoque en même temps une forte augmentation d'ocytocine euphorisante. Est-ce la raison pour laquelle elles disent si souvent que ce moment de douleur est un des moments les plus heureux de leur vie ? Je me rappelle cette dame qui avait hurlé pendant son accouchement en suppliant d'arrêter la torture et qui, une heure plus tard, apaisée et pomponnée, expliquait à ses parents que ça s'était bien passé ! Le sens qu'elle attribuait, dans l'après-coup, au fait d'avoir mis au monde un bébé s'ajoutait aux opioïdes pour modifier presque aussitôt la représentation de la douleur passée et en faire un récit de bonheur.

Quand elle donne le sein, la succion du mamelon provoque à son tour une montée d'ocytocine et une contraction de l'utérus [35], comme dans tout acte d'amour. Et même l'histoire de la dame n'est pas séparée de la sécrétion de cette neurohormone : lorsqu'elle partage un plaisir avec

34. *Ibid.*, p. 272.
35. McNeilly A. S., Robinson I. C., « Release of oxytocine and prolactin response to suckling », *British Medical Journal*, 286, 1983, p. 257-259.

l'homme qu'elle aime, elle sécrète de la cholécystokinine qui augmente son bien-être. La simple perception de celui avec qui elle conjugue sa jouissance augmente le plaisir de ses stimulations. Cela explique probablement pourquoi la masturbation provoque une sécrétion d'ocytocine moins élevée qu'une véritable rencontre sexuelle [36].

Effet biologique de la parole

Pour couronner le tout, l'effet affectif de la parole, en entraînant des émotions de chagrin, de joie, de surprise ou d'apaisement, induit lui aussi des modifications biologiques. Trente patients ont subi une IRM au cours de leur dépression, et un contrôle après une année d'évolution. Au moment de la dépression il n'y avait pas de différence entre les hippocampes des personnes souffrantes et un groupe témoin de trente personnes heureuses. En revanche, « un an plus tard, ceux qui souffraient encore avaient une réduction significative des cellules de leur hippocampe [37] », alors que ceux qui avaient parlé et parfois pris des médicaments ne révélaient pas d'atrophie. L'interprétation biologique et psychologique de ces images est aujourd'hui possible : ceux qui ont souffert sans pouvoir maîtriser leurs émotions ont sécrété trop de cortisol de manière chronique. Les parois des cellules hippocampiques, très sensibles à cette substance, sont devenues œdématiées. Les canaux dilatés de la paroi ont laissé entrer trop de calcium

36. Odent M., *The Scientification of Love*, Londres-New York, Free Association Books, 1999.
37. Frool T., Meisenzahl E. M., Zetzche T., « Hippocampal and amygdalo changes in patients with major depressive disorder and healthy control during a 1-year follow up », *Journal Clinical Psychiatry*, 65, 2004, p. 492-499.

qui, en inversant le gradient ionique, a gonflé les cellules jusqu'à l'explosion. À l'opposé, ceux qui ont maîtrisé l'émotion avec l'aide d'un psychothérapeute ou d'un médicament, en faisant des récits et des théories pour tenter d'analyser les raisons de leur souffrance, sans ruminer, c'est-à-dire en prenant une distance et en établissant une relation affective avec un autre, ont appris à maîtriser leur malaise, peu à peu, mot à mot, affect après affect, molécule après molécule, ce qui a diminué leur taux de cortisol et évité de faire exploser les cellules de l'hippocampe.

Tout ce qui peut vaincre la biologie de la souffrance provoquée par une perception ou une représentation apaise les patients et agit sur leur déficit en BDNF [38]. L'atrophie est donc réversible puisqu'en agissant en n'importe quel point du système relationnel, sur la cellule nerveuse, sur la manière de « voir les choses », ou sur l'entourage, on relance la sécrétion de ce facteur nourricier du cerveau. Quand la narration redonne cohérence au monde bouleversé, quand la relation instaure un lien sécurisant, la synaptisation est relancée.

L'effet magique de la parole s'explique par la biologie !

Mémoire préhistorique et souvenirs interdits

Le grand problème à démêler sera celui de la différence entre l'inconscient des psychanalystes et le non-conscient des cognitivistes. Dans le modèle hydraulique

38. BDNF : *brain derived neurotrophic factor* = substance qui nourrit les cellules du cerveau, *in* J.-P. Olié, « De la neuroplasticité à la clinique de la dépression », *Culture Psy-Neurosciences*, n° 1, 2005.

freudien, les forces bouillonnantes venues des pulsions du Ça sont insupportables pour le sujet parce qu'elles sont inacceptables par son milieu. Alors, il les verrouille grâce au Surmoi, et c'est de cette répression que naissent les symptômes qui s'échappent par la soupape du Moi [39].

Le non-conscient de l'attachement ne vient pas d'un conflit intrapsychique. Il s'enracine dans un couple d'opposés où la peur du monde extérieur inconnu souligne l'effet apaisant d'une figure connue et provoque l'attachement. Sans frayeur de l'inconnu associé à la familiarité sécurisante, l'attachement ne se tisse pas. Un enfant privé de base de sécurité n'a personne à qui s'attacher. Tout comme celui qui est privé de frayeur n'a pas de raison de s'attacher. Le conflit n'est pas intrapsychique, la guerre se joue entre un monde extérieur qui s'imprègne sous forme de traces cérébrales dans le monde intime du sujet. Cette mémoire sans souvenirs crée en nous des sensibilités préférentielles et des habiletés relationnelles non conscientes, une sorte de mémoire du corps. On peut considérer que ces traces, le premier frayage dont parlait Freud [40], sont « de type effractif, traumatique. Il s'effectue par l'action d'excitations fortes venues de dehors [41] ». Cette mémoire préhistorique n'a pas besoin du refoulement pour empêcher les souvenirs. Les évocations ne sont pas interdites de venir en conscience puisque, à ce stade du développement, l'empreinte est synaptique, en pleine matière cérébrale.

39. Cyrulnik B., Duval P. (eds), *Psychanalyse et Résilience*, Paris, Odile Jacob, 2006, p. 9.

40. Freud S. (1895), « Esquisse d'une psychologie scientifique », *in La Naissance de la psychanalyse*, *op. cit.*, p. 307-396 ; et Freud S. (1920), « Au-delà du principe de plaisir », *in Essai de psychanalyse*, Paris, Payot, 1951, p. 5-75.

41. Roussillon R., *Le Plaisir et la Répétition. Théorie du processus psychique*, Paris, Dunod, 2001, p. 121.

Proche de ce que les neurologues appellent aujourd'hui « mémoire implicite » ou préconsciente, c'est une mémoire biologique à laquelle Freud ne serait pas hostile, lui qui a clairement parlé de « l'enfouissement des perceptions [...] [où] la surface première d'inscription devient le noyau du psychisme [42] ». Le contexte scientifique du début du xxe siècle ne lui apportait pas la notion de synapse qui l'aurait aidé à préciser sa pensée. Mais ses connaissances en neurologie et ses lectures de Darwin lui permettaient de côtoyer la notion d'empreinte où : « Pour le psychisme, la biologie joue le rôle du roc en dessous [43]... »

Il y a donc deux types de mémoires inconscientes : l'une sans souvenirs possibles, l'autre sans souvenirs rappelés. Une mémoire imprégnée dans le « roc du biologique » caractérise l'inconscient cognitif. Elle est constituée de traces mnésiques venues d'informations extérieures, elle donne au monde perçu une connotation affective, elle est prépsychanalytique. L'autre mémoire est constituée de souvenirs non utilisés afin de ne pas altérer l'image de soi et de ne pas risquer de rejet relationnel. Elle est psychanalytique et pourrait définir le refoulement. L'inconscient cognitif donne un goût au monde, et l'inconscient freudien, en empêchant certains souvenirs de venir en conscience, explique pourquoi un grand nombre de personnes sont soumises à la répétition. Il s'agit de « deux logiques d'inscriptions différentes [44] » qui pourtant participent à la construction du monde psychique d'une même personne.

42. Freud S. (1920), « Au-delà du principe de plaisir », *op. cit.*
43. Freud S., « Analyse terminée et analyse interminable », *Revue française de psychanalyse*, n° 1, 1937, p. 3-38.
44. Roussillon R., *op. cit.*, p. 122.

Les chevaux opposés

Le problème maintenant consiste à se demander comment ces deux inconscients parviennent à se coordonner pour tirer un même chariot.

Le simple fait de lécher le ventre d'un chiot, tout de suite après sa naissance, déclenche l'expulsion d'une gelée bleuâtre qui libère l'intestin et permet ses contractions digestives. Quand une chienne qui vient de mettre bas ne lèche pas le ventre de son petit, il meurt d'occlusion intestinale. Une femelle peut ne pas lécher son petit parce qu'elle est épuisée, parce que son propre développement a été altéré ou parce que le chiot nouveau-né ne stimule pas ses comportements maternels. Dans tous ces cas d'origines différentes, la mère a peur du petit qu'elle ressent comme un agresseur. Cette sensation d'alerte augmente la sécrétion des hormones du stress, ce qui trouble l'enchaînement de ses comportements [45]. Elle peut alors ronger le cordon rageusement et continuer en mangeant le ventre du petit.

Dans l'espèce humaine, la dimension biologique existe bien évidemment, sinon la mère n'aurait pas été enceinte. Mais ce qui gouverne ses réponses comportementales, c'est la signification que le petit prend pour elle. La plupart du temps, c'est son histoire qui lui permet d'attribuer un sens au bébé qu'elle vient de mettre au monde : « À cause de lui je vais interrompre ma carrière de chanteuse... » « Dès que

45. Liu D., Dioro J., Day J. C., Francis D. D., Meaney M. J., « Maternal care, hippocampal synaptogenesis and cognitive development in rats », *Nature Neuroscience*, 3, 2000, p. 799-806.

je vois le visage de ce bébé je pense à l'homme qui m'a violée. » Ces représentations conscientes et inconscientes organisent le style comportemental dont la mère enveloppe l'enfant. Les séparateurs mère-enfant sont nécessaires au cours de toute éducation, mais la manière dont on se sépare et le style des retrouvailles dépendent de l'histoire des partenaires. Au cours des deux premières semaines de l'existence, toute séparation élève la sécrétion de corticostéroïdes [46], et la moindre retrouvaille calme cette alerte, à condition que la mère soit suffisamment sereine. Ce qui revient à dire que, si les séparations sont durables au point de devenir des abandons ou des isolements sensoriels, l'alerte biologique jamais calmée finit par faire éclater les cellules, expliquant ainsi l'atrophie hippocampique des enfants isolés et leur instabilité émotionnelle.

On peut dire aussi que, lorsqu'il n'y a jamais de séparation, la routine qui enveloppe l'enfant supprime toute sensation d'événement. L'absence de frayage synaptique d'un cerveau non stimulé rend les enfants passifs, incapables de décider. Seul le couplage tristesse de la séparation et bonheur des retrouvailles apprend à l'enfant à surmonter ses petits chagrins et lui permet d'acquérir un sentiment de confiance.

Quand la constellation affective qui entoure un enfant est engourdie par une mère trop dévouée, le jeune parvient parfois à établir un lien dynamisant avec son père, une tante, une grande sœur ou un copain de quartier. Un enfant maltraité peut acquérir un lien ambivalent avec son parent maltraitant, mais peut tracer en même temps dans sa

46. Lupien S. J., King S., Meaney M., McEwen B. S., « Child's stress hormone levels correlate with mother's socio-economic status and depressive state », *Biological Psychiatry*, 48, 2000, p. 976-980.

mémoire la possibilité d'un lien chaleureux acquis avec un autre parent. C'est pourquoi les enfants à risques sont protégés par des constellations familiales élargies où ils peuvent tisser à la fois un lien difficile avec un parent et un autre apaisant avec un partenaire sécurisant. Ambivalent avec un adulte, il devient sécure avec un autre.

Les nourrissons désorganisés ont acquis un attachement imprévisible parce que la transaction entre leur malaise intime et l'enveloppe affective des adultes n'a pas permis l'imprégnation d'un attachement stable. Lorsqu'on les observe à partir du dix-huitième mois et qu'on les compare à une population de bébés sécures, on note de nombreux comportements d'agressions à la crèche. Trois à quatre ans plus tard, 71 % d'entre eux sont devenus agressifs à l'école contre 5 % pour le groupe de nourrissons sécures [47]. L'empreinte d'un milieu en guerre ou d'une famille dysfonctionnelle a appris au nourrisson un attachement désorganisé, prédicteur d'hostilité.

Si l'on arrête nos réflexions sur ce travail, on risque de conclure à un déterminisme inexorable. Mais, si l'on ajoute d'autres observations, on va au contraire en déduire que la plasticité des empreintes est si grande qu'il suffit de changer l'environnement du petit pour tutoriser des développements plus agréables. En cas de malheur, un attachement sécure aura une forte probabilité de résilience, puisque avant la blessure le petit a déjà acquis une capacité à transformer tout adulte en bonne mère. Après le désastre, il souffrira moins d'angoisse et d'hostilité puisqu'il saura chercher le substitut dont il a besoin pour réguler ses

47. Lyons-Ruth K., Jacobowitz D., « Attachment disorganisation : unresolved loss, relational violence, and lapses in behavioural and attentional strategies », *in* J. Cassidy, P. R. Shaver, *op. cit.*, p. 520-554.

affects [48]. Encore faut-il que son milieu lui fournisse quelqu'un qui veuille bien servir de base de sécurité. C'est vraiment une rencontre qui permet une reprise évolutive résiliente, une transaction affective entre ce qu'est l'enfant après la blessure et ce que disposent autour de lui sa famille et sa culture.

Les attachements insécures, plus difficiles à aimer, ont une forte probabilité de dépression à l'âge adulte. Leurs angoisses, leur agressivité par crainte et leurs difficultés psychosomatiques sont plus fréquentes que dans la population générale [49]. Mais, quand un événement affectueux les bouleverse, un premier amour [50], une rencontre avec un prêtre, un artiste, un psychothérapeute ou toute autre figure signifiante, crée une nouvelle relation, une nouvelle période sensible : un autre style d'attachement sera imprégné plus tard.

On peut défendre l'idée que tous ces attachements sont des empreintes cognitives, des apprentissages insus. Le sujet a appris à aimer sans s'en rendre compte et même en soutenant qu'il n'a jamais appris. Ce qu'on voit du monde est minuscule comparé à l'immensité du réel que nous sommes incapables de percevoir. Et, pourtant, ce tout petit bout de monde doit être cohérent pour que nous y répondions de manière cohérente. C'est même la réduction des informations, l'amputation du monde, qui nous permet de lui donner une forme claire et non angoissante.

48. Kobak R., Sceery A., « Attachment in late adolescence : working models, affect regulation and perceptions of self and others », *Child Development*, 59, 1988, p. 135-140.

49. Vaillant G. E., *Ego Mechanisms of Defence. A Guide for Clinicians and Researchers*, Washington D.C., American Psychiatric Association Press, 1992.

50. Cyrulnik B., Delage M., Blein M. N., Bourcet S., Dupays A., « Modification des styles d'attachement après le premier amour » article accepté par les *Annales médico-psychologiques*, 2006 (à paraître).

Neurologie de l'inconscient insu

En 1899, Anton, un neurologue, rapporta une observation de cécité dont le malade n'était absolument pas conscient. À l'autopsie, les médecins découvrirent deux petites lésions occipitales qui expliquaient pourquoi le malade ne pouvait plus voir. Ses yeux étaient intacts, mais son cerveau n'était plus capable de donner une forme d'image aux perceptions visuelles. L'aveugle disait : « Je ne suis pas aveugle, je pourrais voir si je le voulais. »

En 1914, Babinski décrit le même phénomène à l'occasion d'une hémiplégie gauche due à une lésion temporo-pariétale droite, chez un droitier. Le malade soutenait qu'il n'était pas paralysé et exigeait qu'on enlève cette main étrange que quelqu'un avait déposée dans son lit.

En 1923, Barré décrit une hémiplégie gauche dont le malade n'était pas conscient tant qu'il fut paralysé. Mais, dès sa guérison, quand son cerveau réparé rendit le patient capable de prendre conscience de son déficit passé, il dit : « C'est effrayant, je me rends compte maintenant que j'étais paralysé. »

Même la mémoire autobiographique peut devenir non consciente pour des raisons neurologiques : au cours d'un accident de chasse, monsieur Tor... perd un œil et s'en attriste beaucoup. Quelques années plus tard, il fait une embolie pariéto-occipitale droite et, à la stupéfaction de sa famille, soutient *mordicus* qu'il n'est pas paralysé et qu'il voit de ses deux yeux. L'altération des zones de neurones associatifs autour des zones de perception visuelle empêchait toute prise de conscience de la maladie.

On peut donc, pour des raisons neurologiques, dénier ses blessures réelles, comme à l'inverse on peut prendre conscience de blessures qui n'existent pas. Les membres fantômes illustrent cette remarque quand un blessé souffre de la jambe qu'on lui a enlevée. Il perçoit avec acuité la douleur du pied qu'il n'a plus dans le réel, mais qui persiste dans sa mémoire. Les circuits cérébraux de la souffrance fonctionnent encore et rappellent la douleur ressentie dans le passé. Ce phénomène fréquent explique la permanence des images d'horreur et du sentiment de panique qu'éprouvent les traumatisés : « Comme si ça venait d'arriver. » L'épouvante dans la mémoire est éprouvée chaque jour, alors que la cause de l'épouvante n'est plus là depuis longtemps. Preuves de l'empreinte, le membre fantôme et l'apprentissage implicite tracent dans la mémoire un inconscient cognitif.

Le test de la maison qui brûle va nous faire comprendre comment une fausse allégation peut donner forme à l'inconscient cognitif. Il arrive que des malades souffrent d'une petite altération pariéto-occipitale droite qui leur fait négliger l'espace gauche. On sait qu'ils le perçoivent puisqu'ils évitent les obstacles en soutenant qu'il n'y a pas d'obstacle. On montre à ces personnes une planche où l'on a dessiné à droite, dans le champ perçu et conscient, une maison verte, et à gauche, dans le champ perçu mais non conscient, une maison rouge qui brûle. Quand on leur demande : « Est-ce qu'il y a sur ce dessin une maison qui brûle ? » Ils répondent toujours : « Non. » Puis on leur montre une autre planche avec des maisons vertes et des maisons rouges qui ne brûlent pas et on demande : « Dans quelles maisons aimeriez-vous habiter ? » Ils choisissent tous d'habiter dans des maisons vertes en donnant des explications curieuses. La contre-expérience consiste à inverser les couleurs et à faire brûler les maisons vertes. Ils choisissent alors d'habiter les maisons rouges en soutenant qu'on ne leur a jamais montré de dessins de maisons vertes qui brûlent [51].

L'inconscient cognitif peut être démasqué lors de certaines situations signifiantes. Quand on demande à ces malades qui négligent l'espace visuel gauche de recopier le mot « village » inscrit sur une pancarte, ils écrivent... LAGE. Mais, si on leur demande d'épeler le même mot, ils n'oublient aucune lettre, prouvant ainsi qu'ils peuvent répondre à une représentation entière du mot « village », alors qu'ils ne peuvent prendre conscience que de la moitié perçue [52].

Cette notion de traces mnésiques non conscientes qui nous gouvernent à notre insu est facile à vérifier quand on demande aux patients amnésiques de réaliser un puzzle. À chaque répétition, ils améliorent leur performance, prouvant qu'ils en ont acquis l'expérience, alors qu'ils soutiennent que c'est la première fois qu'ils voient le puzzle [53]. Même les amnésiques peuvent apprendre... en soutenant qu'ils n'ont jamais eu l'occasion d'apprendre !

Ces tests peuvent aussi expliquer la sincérité des fausses allégations d'agression sexuelle. Au moment où ces femmes vont au commissariat, elles répondent à une représentation d'agression sexuelle à laquelle elles croient

51. Marshall J. C., Halligan P. W., « Blindsight and insight in visuo-spatial neglect », *Nature*, n° 336, 1988.

52. Hillis A., Carmazza A., « The effects of attentional deficits on reading and spelling », *Cognitive Neurospychology and Neurolinguistic*, Erlbaum, 1990.

53. Milner B., Corkin S., Teuber H. L., « Further analysis of the hippocampal amnesic syndrome », *Neuropsychology*, n° 6, 1968.

vraiment puisqu'elles l'éprouvent avec autant d'acuité que si c'était réellement arrivé. Il ne s'agit pas toujours d'un mensonge ou d'une mythomanie. La plupart du temps, un dispositif relationnel a existé dans le réel et imprégné dans leur inconscient cognitif une sensation de risque d'agression sexuelle. Peut-être un homme par son comportement a-t-il forcé la femme à envisager ce risque? Peut-être cette idée lui venait-elle facilement en tête puisqu'elle se sentait violée chaque fois qu'un homme lui souriait. Quelle que soit l'origine de ce souvenir d'agression sexuelle, un événement réel s'est probablement imprégné dans son inconscient cognitif. La fausse allégation en est le témoin.

Amour, maltraitance et contresens affectif

Les causalités linéaires sont les plus convaincantes, dommage qu'elles soient si souvent abusives. L'évidence logique consiste à penser que, lorsqu'un enfant est maltraité, il en fera le reproche à ses parents et cherchera à les fuir, apprenant ainsi un style affectif évitant. Il se trouve que les observations longitudinales, les suivis d'enfants maltraités mènent à des conclusions contre-intuitives. Souvent, après avoir souffert et s'être difficilement développés, ils pardonnent à leurs parents et cherchent à renouer le lien déchiré. L'inverse est aussi vrai, car il n'est pas rare de constater des troubles de l'attachement chez des enfants bien entourés [54]. Les longs questionnaires qui

54. Main M., « Recent studies in attachment overview with sèlected implications for clinical work », *in* S. Goldberg, R. Muir, J. Kerr, *Attachment Theory*, Hillsdale (N. J.)-Londres, The Analytic Press, 2000, p. 425.

permettent d'évaluer l'attachement à la mère et au père sont considérés comme plutôt fiables [55]. Il arrive que des parents expriment tous deux un attachement sécure et que l'observation atteste pourtant que le lien se tisse mal. Dès les premiers mois, quand la mère s'approchait, le bébé éclatait d'un rire excessif qui se transformait aussitôt en pleurs. Il tendait les bras vers elle dès qu'il la voyait, puis se détournait et manifestait soudain d'intenses comportements de retrait. Il était difficile de penser qu'un tel attachement désorganisé était la conséquence d'une difficulté parentale. L'expression des émotions du bébé avait du mal à prendre une forme communicante. Peut-être était-il effrayé par ses propres émotions ? Les rituels d'interaction qui permettent à chacun de comprendre et d'attendre ce que le partenaire s'apprête à faire se mettaient mal en place. Les parents désorientés ont pourtant persévéré dans leurs approches paisibles et, vers le dixième mois, le bébé s'est calmé, a cessé de sursauter au moindre bruit et a enfin accepté de se laisser câliner.

Comment expliquer l'évolution favorable de ce scénario difficile pendant les dix premiers mois ? La mère avait-elle été stressée pendant la grossesse ? Le bébé était-il génétiquement un faible transporteur de sérotonine le rendant sensible à tout événement imprévu ? Quelle qu'ait été la cause biologique ou environnementale, on aurait pu comprendre que les parents aient mal réagi. Ils sont restés paisibles pendant dix mois, parce qu'ils étaient heureux ensemble et socialement sécurisés. Ils composaient ainsi avec leurs corps une enveloppe sensorielle stable et calme

55. AAI : *attachment adult interview*. Main M., Hesse E., Van IJzendorn M. H. *The Berkeley-Leiden Adult Attachment Questionnaire*, Université de Californie à Berkeley, 1999.

qui a fini par apaiser l'enfant. Imaginons que le père ait eu un métier difficile, il aurait été exaspéré par les pleurs de son enfant inconsolable chaque nuit. Imaginons que la mère ait connu des difficultés avec son mari ou que ce bébé épuisant et peu gratifiant ait évoqué une signification d'agression : les rituels d'interaction auraient fini par donner forme à une exaspération mutuelle. « Il pleure encore celui-là... », aurait dit la mère, et le bébé aurait vite appris à attendre les mimiques exaspérées et les gestes brutaux qui auraient aggravé sa désorganisation émotionnelle.

Ces contresens affectifs se manifestent parfois avec un seul parent. L'enfant, désorganisé avec la mère, peut structurer un lien paisible avec la grand-mère ou le père. Ayant acquis un attachement sécure, ailleurs que dans les bras de sa mère, il finit par tisser un lien paisible avec elle, plus tard, à condition qu'on ait pu entourer la mère et l'aider à franchir ce cap de tempêtes sans prendre de trop mauvaises habitudes.

Il est admis actuellement que 5 à 30 % des enfants maltraités deviendront à leur tour des parents maltraitants [56]. La variabilité des chiffres obtenus par les enquêtes prouve qu'il n'y a pas de causalité unique. Quand les deux parents maltraitent l'enfant dans un foyer clos, sans famille élargie, sans amis, sans activités extérieures, les troubles seront importants et la répétition sera supérieure à 30 %. Mais, quand un seul parent maltraite l'enfant tandis que l'autre lui offre un attachement sécure,

56. Rutter M., « Psychosocial resilience and protective mechanisms », *in* J. Rolf, A. S. Masten, D. Cicchetti, K. H. Nuech Terlen, S. Weintraub (eds), *Risk and Protective Factors in the Development of Psychopathology*, New York, Cambridge University Press, 1990, p. 181.

la probabilité de répétition chute à 10 %. Et quand, autour de ce foyer en difficulté, la culture propose des substituts affectifs et d'autres lieux éducatifs, le risque de répétition devient encore plus faible (3 %).

Bill Clinton [57], dont le père est mort noyé quand sa mère était enceinte, a été élevé par un beau-père extrêmement violent qui maltraitait tout le monde et tirait des coups de revolver sur sa femme et ses enfants. L'évolution résiliente du petit Bill a été rendue possible par le courage de sa mère et par la gentillesse de ses grands-parents qui gardaient souvent l'enfant. La culture américaine facilitait les rencontres extra-familiales et les nombreuses associations de sport, de musique et d'activités culturelles ont permis au futur Président de développer malgré ces agressions une excellente socialité. Une culture qui propose des lieux d'action, de rencontres et de créativité limite fortement la répétition de la maltraitance. Mais, si le petit Clinton avait dû se développer dans un foyer isolé ou dans un faubourg où personne ne se parle, on peut imaginer que son évolution aurait été plus difficile.

Quand on a été maltraité et qu'on reste prisonnier de ce milieu, on apprend cognitivement la violence physique et émotionnelle. C'est une tendance mais certainement pas une fatalité puisqu'on peut la déjouer en organisant autour du petit malheureux des lieux de développement qui le tutorisent dans d'autres directions et lui apprennent à arracher des moments de bonheur, malgré tout.

Le plus souvent, l'agresseur est intra-familial, un père ou une mère, presque à égalité. Quand l'offenseur est extra-familial, la résilience est plus facile puisque l'enfant

57. Clinton B., *Ma vie*, Paris, Odile Jacob, 2004.

peut se réfugier dans la protection de son foyer. Ce n'est pas toujours le cas étant donné que le petit se sent trahi par les siens comme s'il pensait : « Puisque mes parents sont tout-puissants et que j'ai été agressé, c'est la preuve qu'ils n'ont pas tout fait pour me protéger. Peut-être même sont-ils complices ? » Cette réaction paradoxale est fréquente chez les adultes dans les situations de catastrophes naturelles ou humaines : « Puisque Dieu a permis de telles horreurs, c'est qu'il n'est ni bon ni tout-puissant. Comment après Auschwitz peut-on croire encore en lui ? » Ceux qui, dans ces situations de cauchemars, parviennent encore à se fier à Lui se sentent protégés puisqu'ils font de Dieu une base de sécurité intime. Ceux qui, à l'inverse, se sentent trahis par Lui dont ils attendaient la protection se privent de ce sentiment de sécurité. Beaucoup d'enfants maltraités reprochent au gentil parent de ne pas avoir empêché l'épouvante. Beaucoup de peuples massacrés au cours d'une guerre ou d'un génocide reprochent à leurs alliés de ne pas avoir arrêté le massacre.

Curieusement, ceux qui blâment le gentil parent, le peuple allié ou le bon Dieu sont ceux qui, avant le fracas, en attendaient la plus forte protection. Trop attachés, leur excès d'affection témoignait de leur vulnérabilité anxieuse. Quand le fracas est arrivé, ils ne pouvaient que se sentir trahis ou abandonnés [58]. La haine qu'ils éprouvent pour ceux qu'ils ont aimés préserve un peu leur estime de soi, mais empêche la résilience puisqu'elle dimi-

58. Trickett P. K., Reiffman A., Horowitz L. A., Putnam F. W., « Characteristics of sexual abuse trauma and the prediction of developmental outcomes », *in* D. Cicchetti, S. L. Toth (eds), *The Rochester Symposium of Developmental Psychopathology*, vol. VIII, Rochester (New York), University of Rochester Press, 1997.

nue l'autonomie en attribuant aux autres la cause de leur détresse.

Ceux qui dans le malheur avaient appris à se faire aider par un adulte, un groupe ou un dieu ont eu une plus forte probabilité de résilience. Au moment du fracas, ils avaient déjà acquis une personnalité affirmée, un attachement sécure et une empathie qui leur permettaient de se représenter le monde mental de l'agresseur et de le différencier de celui des non-agresseurs. Ceux qui ont généralisé l'agression à ceux qu'ils aimaient et par qui ils se sentaient trahis se sont privés de base de sécurité. Blessés par l'agresseur, ils sont devenus hostiles envers ceux qui désiraient les aider.

Résonner n'est pas raisonner

On vient de tenir là un raisonnement en résonance, et non plus en causalité. Au lieu de penser : « Si mon père me maltraite, j'irai me réfugier dans les bras de ma mère », on dit : « Quand mon père me maltraite, c'est la preuve que ma mère est complice puisque, malgré sa toute-puissance, elle ne l'empêche pas. » Cette réaction émotionnelle s'explique par un hyperattachement anxieux qui existait avant la maltraitance et avait imprégné dans la mémoire implicite, dans l'inconscient cognitif de l'enfant, un sentiment de solitude affective, une peur d'aimer par crainte d'être à nouveau trahi. Avant l'acte maltraitant, l'enfant inquiet avait surinvesti sa mère qui ne le sécurisait que lorsqu'elle était présente Il n'avait pas imprégné dans son inconscient cognitif la confiance primitive qui lui aurait permis de rester sécurisé en son absence. Plus tard, l'acte maltraitant l'avait fait basculer dans un monde constitué par une figure effrayante et une autre abandonnante. Une telle enveloppe sensorielle composait une biologie périphérique qui stimulait peu la sécrétion de sérotonine dont on a pu mesurer l'effondrement dans le liquide céphalorachidien [59]. Ce marqueur biologique n'est donc pas la cause du désespoir du sujet maltraité, mais le repère métabolique d'une altération affective de son milieu [60].

En revanche, dès qu'un être vivant devient capable de faire des récits, il fait appel à sa mémoire explicite, il se représente lui-même avec des images et des mots, et se construit ainsi un film qui met en œuvre son identité narrative. Dès l'instant où il édifie un monde de mots, il lui donne une cohérence, il le sent, il l'éprouve, il le voit et peut donc y répondre.

C'est alors qu'il peut « laisser de côté » certains souvenirs qui risqueraient de lui donner une mauvaise image de lui-même ou de provoquer quelques difficultés relationnelles. Les souvenirs sont là, mais on évite de les évoquer afin de rester en paix avec l'idée qu'on se fait de soi. Est-ce là ce qu'on pourrait appeler « refoulement » ? Ce trouble de la mémoire intime dépend des conditions historiques, où chaque personne doit fabriquer sa réalité interne [61].

59. Nordström P., Samuelsson M., Asberg M., Traskman-Bendz L., Aberg-Wistedt A., Nordin A., Bertisson N. L., « CSF-5HIAA predicts suicide risk after attempted suicide. Suicide and life », *Threatening Behavior*, 24, 1994, p. 1-9.

60. Goldney R. D., « Ethology and the suicidal process », *in* K. Van Heeringen (ed.), Sidney, John Wiley and Sons, 2001.

61. Ansermet F., Magistretti P., *À chacun son cerveau. Plasticité neuronale et inconscient*, Paris, Odile Jacob, 2004, p. 201-202.

Pas de doute, « pour le psychisme, le biologique joue le rôle du roc en dessous [62]... ». Ce n'est qu'à partir du biologique qu'on peut partir du biologique, fonder la condition humaine et affirmer que ces deux inconscients de nature différente tirent ensemble le même attelage : « [...] Viendra un jour où la psychologie des fonctions cognitives et la psychanalyse seront obligées de se fusionner en une théorie générale qui les améliorera toutes deux [63]... », prédisait le grand Piaget.

62. Freud S., « Analyse terminée et analyse interminable », *Revue française de psychanalyse*, n° 1, 1937, p. 3-38.

63. Piaget J., « Inconscient affectif et inconscient cognitif », *Raison présente*, n° 19, août-septembre 1971, p. 12.

IV

LE SOUCI DE L'AUTRE

L'un est mal quand l'autre souffre

Ce n'est pas la première fois qu'un concept philosophique est étayé par la neurologie. La conscience a d'abord été une idée abstraite avant de devenir un enregistrement bioélectrique définissant les niveaux de conscience. Le « Mitsein » des phénoménologues est aujourd'hui précisé par les études biologiques qui démontrent qu'un individu ne peut survivre qu'en échangeant des informations avec le milieu qui l'entoure, son « Umwelt [1] ».

L'empathie a d'abord désigné un processus de projection des sentiments humains sur le monde matériel avant qu'un philosophe n'étende sa signification à la connais-

1. Thinès G., *Phénoménologie et science du comportement*, Bruxelles, Mardaga, 1980.
Traductions de l'allemand.
Mitsein : être avec
Umwelt : monde alentour
Empathie : traduction de *Einfülhung*, ressentir.

sance d'autrui [2]. Le simple fait pour un enfant d'imiter autrui provoque en lui un sentiment. Puis, avec la maturation, il différencie sa propre expérience de celle d'autrui et comprend qu'il y a deux subjectivités différentes et associées. C'est ce développement qui a permis à Freud d'utiliser l'empathie pour en faire une condition de base de la cure analytique, un travail purement intellectuel de la connaissance d'autrui. Aujourd'hui, pour un grand nombre de psychanalystes, l'empathie est un processus affectif qui permet le partage d'une expérience psychique intime, alors que les deux subjectivités restent séparées.

Dans les années 1970, John Bowlby, alors président de la Société britannique de psychanalyse, en travaillant les méthodes de l'éthologie animale, pose que « l'empathie constitue le contrepoint de l'agression ». De même que deux notes de musique s'accompagnent en restant séparées, « l'agression révèle une altération de l'empathie... qui, elle, amplifie la coordination affective, l'identification émotionnelle aux autres [3] ». Ce n'est donc pas le langage qui fonde l'empathie en interprétant l'altruisme comme un calcul rationnel de coûts et de gains [4], c'est une aptitude émotionnelle à se laisser modifier par le monde d'un autre, auquel on est attaché. « Les dauphins, les éléphants, les canidés et la plupart des primates répondent à la souffrance et au malheur d'autrui [5]... » Dans ces espèces, les individus qui n'ont pas de raisons corporelles

2. Lipps Th., 1898, cité *in* D. Houzel, *Psychopathologie de l'enfant et de l'adolescent*, Paris, PUF, 2000, p. 226.

3. Weinfield N. S., Sroufe L. A., Egeland B., Carlson E. A., « The nature of individual differences in infant-caregiver attachment », *in* J. Cassidy, P. R. Shaver, *op. cit.*, p. 78.

4. Wilson E. O., *Sociobiologie*, Paris, Le Rocher, 1987.

5. Waal F. B. M. de, *Le Bon Singe. Les bases naturelles de la morale*, Paris, Bayard, 1996, p. 102.

de souffrir manifestent pourtant des comportements altérés attestant qu'ils sont troublés par le malheur d'un proche.

L'attachement est un lien biologique tracé dans la mémoire qui transforme l'être investi en figure saillante. Désormais, la souffrance de la figure d'attachement provoque chez le partenaire une souffrance d'une autre nature. Le malaise de l'animal observateur est provoqué par la vue de la souffrance de l'autre. Il s'agit d'une empathie cognitive, un contrepoint émotionnel où la mère primate exprime une mimique anxieuse en voyant que son enfant s'est coincé le pied. Quand le petit souffre du pied coincé, la mère est altérée par l'image de la souffrance de son petit. On peut parler de représentation puisqu'il s'agit chez la mère d'« une activité mentale qui rend présente (re-présente)... l'image d'un objet [6] ». C'est une construction sensorielle d'images visuelles et sonores du petit agité et criant qui émotionne la mère et non pas la douleur d'un pied coincé.

Cette aptitude à désorganiser son propre monde intime quand celui d'un proche est désorganisé constitue le point de départ, la base cognitive de la morale. Si l'on considère que la morale est un ensemble de conduites organisées par le projet de faire du bien et d'éviter le mal, il ne sera pas difficile d'observer ce phénomène dans d'autres espèces. L'aide aux handicapés, le respect des rituels d'interaction, les offrandes alimentaires, les menaces contre l'intrus afin de protéger le faible, les conduites d'apaisement constituent, chez les animaux

6. Lebovici S., « Représentation », *in* D. Houzel, M. Emmanuelli, F. Moggio, *Dictionnaire de psychopathologie de l'enfant et de l'adolescent*, Paris, PUF, 2000, p. 634.

aussi, un être-ensemble organisé pour la recherche d'un bien-être commun. Cette protomorale comportementale ne se fonde pas sur des représentations verbales, des récits de persécution ou d'injustice comme chez l'homme, mais elle se bâtit en tenant compte de ce qu'éprouve l'autre. C'est pourquoi, dans certaines espèces, les individus manifestent des comportements de détresse ou d'hébétude quand ils perçoivent chez un proche un non-comportement inquiétant que les humains appellent la « mort ».

Nous comprenons sans peine les réactions des chimpanzés à la perte d'un des leurs. On décrit chez eux, comme chez les petits humains, une phase de protestation, une tentative de stimulation du cadavre, puis une phase de désespoir avec un ralentissement comportemental, une perte de l'appétit et du plaisir de jouer. Déjà, avant la mort, les adultes qui entouraient le malade ou le blessé ne se comportaient plus de la même manière. Ils regardaient fixement l'agonisant et cessaient de jouer. Dans les zoos, les gardiens témoignent de l'étonnant silence et de l'accueil sans joie quand ils apportent la nourriture, le lendemain d'un décès [7].

Bien sûr, il faut se méfier de l'anthropocentrisme et ne pas penser qu'un deuil de baleine est analogue à un deuil humain. Mais on peut se dire que ces êtres vivants sont émotionnellement perturbés par la perception, sur le corps de l'autre, d'un indice étrange qui les mène à se construire une représentation bouleversante.

Cette souffrance vertueuse ne se retrouve pas dans toutes les espèces. Et, quand une espèce est apte à l'empathie, on ne la note pas chez tous les individus ni dans tous

7. Waal, F. B. M. de, *op. cit.*, p. 70-74

les cas. Chez de nombreux animaux, la blessure de l'un ne change rien à l'autre. Le cannibalisme n'est pas rare quand le « papa » poisson avale quelques milliers d'alevins ou quand la mère chatte dévore son petit qu'elle considère comme un gibier. Pour manger son enfant, il faut percevoir son corps d'une manière qui lui attribue une signification uniquement biologique, surtout pas un état mental.

L'empathie animale

L'éthologie animale apporte sa pierre à la construction de l'idée qu'il est possible d'attribuer un état mental à l'autre. Jusqu'à l'âge de quatre mois, un bébé chimpanzé se met en posture de toilettage, sans tenir compte de la disposition du corps de sa mère. Il lui suffit d'être motivé par un stimulant interne pour s'orienter vers le corps de sa mère, même si elle lui tourne le dos ou regarde ailleurs. Mais, vers le douzième mois, la stratégie d'interaction de l'enfant change du tout au tout. Quand une stimulation intime le pousse au toilettage, il regarde sa mère et attend la posture qui lui fera comprendre qu'elle peut le voir. Alors, seulement, il se mettra en position de se faire « épouiller [8] ». À ce niveau du psychisme, l'attribution à l'autre d'une motivation n'est pas verbale, elle est posturale. L'interaction de toilette nécessite que le petit soit devenu capable d'attendre, c'est-à-dire de ne plus répondre immédiatement à un stimulus et de comprendre

8. Plooij F. X., « Some basic traits of language in wild chimpanzees ? », *in* A. Lolk (ed.), *Action, Gesture and Symbol*, New York, Academic Press, 1978.

que la posture de sa mère indique, dans son monde à elle, un état mental qui lui permettra de répondre au sien.

L'aptitude empathique nécessite un cerveau capable de décontextualiser une information, de percevoir un indice qui oriente vers quelque chose qu'on ne perçoit pas. Il n'est pas rare de voir son chat se placer devant un réfrigérateur et de surveiller attentivement la poignée. Une caméra automatique nous apprend que le chat ne prend cette posture que s'il y a un humain dans la cuisine. Lorsque cette personne s'approche du réfrigérateur, le chat miaule et « pointe du museau » en regardant alternativement la poignée puis le visage de l'être humain. On peut interpréter cette conduite en disant que le chat a acquis la connaissance que, derrière la porte, il y a des choses intéressantes auxquelles l'humain sait accéder. Ce qu'il perçoit dans le présent utilise son passé pour se représenter l'avenir. Quand l'être humain cligne des yeux, le chat répond en clignant des yeux à son tour. Mais, quand on met un bandeau autour des yeux de l'être humain, le chat ne change rien à son comportement [9]. Ce n'est pas le cas des chimpanzés observés dans des situations analogues. Beaucoup se mettent à gémir quand l'être humain porte un bandeau, certains le poussent vers le trésor alimentaire ou le tirent par la main. Et quelques-uns cherchent à lui enlever le bandeau ! Le chat empathise avec la posture de l'être humain, alors que le singe percevant le bandeau se met à la place de l'être humain et comprend qu'il ne peut pas voir à cause du bandeau.

9. Dehasse J., *Tout sur la psychologie du chat*, Paris, Odile Jacob, 2005, p. 504.

Ces observations permettent de penser qu'il y a des degrés dans l'empathie [10]. Chaque espèce perçoit certains indices sélectionnés par son système nerveux et s'en sert pour composer des représentations de niveaux différents. Quand un architecte se représente les masses de béton correspondant au dessin d'un pont, il réalise une « empathie de pont [11] ». Cette empathie d'objet a certainement joué un rôle important dans la fabrication des premiers outils qui nous ont permis d'échapper à la nature en utilisant les phénomènes de la nature avec lesquels nous empathisons. Le prédateur animal effectue une empathie de corps quand il perçoit et prévoit un mouvement du gibier. Le tortionnaire connaît le même processus mental quand il imagine ce qu'éprouve l'homme qu'il désire briser.

Affection et empathie humaines

Nos propres enfants manifestent très tôt une empathie d'émotion quand, percevant sur le corps de l'autre un geste ou une mimique minuscule, ils s'en servent afin de se représenter son état mental. L'empathie la plus éloignée du corps, la plus abstraite est celle qui, à partir d'un brin de réel, parvient à se représenter les représentations d'un autre. Un éclat d'image perçu sur un autre corps suffit à élaborer son psychisme : « Ses pensées, croyances, inten-

10. Pacherie E., « L'empathie et ses degrés », *in* A. Berthoz et G. Jorland, *L'Empathie*, Paris, Odile Jacob, 2004, p. 149-180.

11. Dennett D. C., *Kinds of Minds : Toward an Understanding of Consciousness*, New York, Basic Books, 1996, cité *in* A. Berthoz, G. Jorland, *op. cit.*, p. 90 ; et G. Jorland, séminaire Jansen, « L'empathie », Lourmarin, février 2005.

tions ou désirs [12]. » Le fait qu'autrui devienne alors séparé de soi permet à l'empathie d'établir une passerelle intersubjective sans laquelle nous serions coupés des autres.

Vers l'âge de quatre ans, la plupart des enfants acquièrent une nouvelle manière d'agencer ce qu'ils perçoivent afin d'en faire une idée de monde. L'enfant s'explique à lui-même que les autres répondent à leur propre monde de croyances, d'intention et de désirs. Pour comprendre le monde, il ne suffit plus de percevoir ce qui est, il faut aussi deviner ce qui se passe dans l'invisible monde mental des autres.

Cette « théorie de l'esprit » ne surgit pas d'un seul coup à l'âge de quatre ans, elle se développe progressivement lors des transactions incessantes entre un petit et son milieu [13]. Dès le début, un peu avant la naissance, son corps savait percevoir certaines informations, les traiter et résoudre les problèmes posés par son milieu. Il savait téter, se disposer pour dormir, lutter contre l'attraction terrestre lors de ses positions assises et jouer avec les stimulations colorées, douces ou sonores que son environnement lui proposait. Vers l'âge de quatre ans, le petit découvre que les autres répondent, eux aussi, à l'idée qu'ils se font de la situation. Puis, vers cinq à sept ans, l'enfant comprend la réciprocité de la pensée : « Je sais que tu sais et je sais que tu sais que je sais. » Quand un enfant de cinq ans « parle bébé » à son petit frère, il manifeste par cette conduite qu'il a compris que le cadet comprend, mais pas de la même manière.

12. Premack D., Woodruff G., « Does the chimpanzee have a theory of mind? », *Behaviour and Brain Sciences*, 4, 1978, p. 515-525.
13. Bee H., Boyd D., *op. cit.*, p. 167.

Cette prouesse intellectuelle dépend autant de son développement neurologique que des pressions du milieu qui l'entoure. Qu'un seul joint du système défaille, et toute la performance en sera altérée. Les enfants traumatisés par un accident ou une maltraitance, par un abandon qui appauvrit leur milieu ou par un surinvestissement qui les isole, se replient sur eux-mêmes, parfois jusqu'à l'engourdissement de la pensée. Ils accèdent difficilement à la théorie de l'esprit parce qu'un malheur de l'existence a altéré leur entourage ou parce qu'une anomalie neurologique empêche leur organisme d'aller chercher dans le milieu les informations nécessaires à son développement.

Des petits tests quotidiens permettent de savoir si un enfant accède à la théorie de l'esprit. Il n'est pas difficile de disposer sur une table une éponge de même apparence qu'une pierre [14]. En voyant l'objet, tous les enfants de quatre ans disent qu'il s'agit d'un caillou. Quand on le leur fait toucher, on provoque leur étonnement et l'on doit expliquer la différence entre un minéral et un produit marin presque animal. Puis on invite un autre enfant à voir l'objet et on demande au petit initié : « Va-t-il dire que c'est une pierre ou une éponge ? » Tous ceux qui ont déjà accédé à la théorie de l'esprit répondent : « Il va dire que c'est une pierre. » Ces enfants pensent : « L'autre croit que c'est une pierre alors que moi je sais que c'est une éponge. » Les enfants qui ne comprennent pas encore que le monde des autres est différent du leur répondent : « Il va dire que c'est une éponge puisque moi je sais que c'est une éponge. » Ces enfants, encore incapables de se décen-

14. Astington J., Jenkins J., « A longitudinal study of the relation between language and theory of mind development », *Developmental Psychology*, 35, 1999, p. 1311-1320.

trer d'eux-mêmes, attribuent aux autres la même croyance que la leur.

Souvent, cette immaturité s'explique par une carence relationnelle : quand un parent est en détresse, le petit est effrayé par toute forme d'exploration. Parfois, c'est une altération du lobe préfrontal qui, en empêchant tout travail d'anticipation, empêche le décentrement de soi. Les enfants dont les parents effrayés sont effrayants parce qu'ils sont eux-mêmes altérés par leur traumatisme vivent dans des milieux sensoriellement appauvris ou en alerte. Ils peuvent ne jamais accéder à la théorie de l'esprit si on les laisse seuls. Ils peuvent y accéder plus tard si l'on dispose autour d'eux quelques tuteurs de résilience qui les aideront à reprendre un développement.

L'empathie n'est pas seulement une opération intellectuelle. La capacité acquise à attribuer aux autres une croyance, une pensée ou une intention organise aussi le style relationnel de l'enfant. Dans la vie quotidienne, il arrive que, pour jouer, les parents fassent semblant de pleurer, ce qui émeut l'enfant et provoque une gentille rescousse. Pas toujours ! Le petit, parfois, agresse celui ou celle qui mime les pleurs.

Une expérimentation éthologique, inspirée par la théorie de l'attachement, réalise le dispositif suivant [15]. Un adulte remonte un nounours mécanique devant un bébé âgé de douze mois accompagné par sa mère. L'expérimentateur s'est arrangé pour que le nounours ne marche pas. L'adulte alors fait semblant de pleurer. Cette situation est répétée en série. Puis la mère répond à un

15. Inspiré par Bischof-Köhler D., « The development of empathy in infants », *in* M. E. Lamb, H. Keller (eds), *Infant Development*, Hillsdale (N. J.), Erlbaum, 1991, p. 245-273.

questionnaire qui évalue son humeur et son style d'attachement.

Devant les pleurs simulés de l'adulte, la plupart des enfants ont réagi en le cajolant ou en portant le nounours à la mère afin qu'elle le répare. Quelques enfants ont paru indifférents et n'ont pas secouru l'adulte. Et quelques-uns l'ont frappé ! Dans ce groupe aux réactions troublées, les enfants s'étaient tous développés dans des milieux sensoriellement appauvris. L'absence d'adultes, leur mort, leur maladie, leur dépression ou leur personnalité distante, en appauvrissant le milieu sensoriel, avaient ralenti le développement de l'empathie des enfants.

Devenir empathique

Plutôt que dire : « Ce trouble psychique est d'origine génétique », ce qui est rarement le cas, il vaut mieux chercher à comprendre comment se déroule une ontogenèse, le développement d'un individu depuis l'œuf jusqu'à sa mort. Cette attitude nous fait comprendre qu'un potentiel génétique est constamment pétri par les pressions du milieu sensoriel, affectif, et même culturel.

On peut considérer que le point de départ du processus empathique est déclenché par le phénomène des neurones-miroirs. Une donnée banale en neurologie nous apprend que, au pied de la zone frontale ascendante du cortex des singes (aire F5*), un groupe de neurones moteurs s'active quand le singe réalise une action avec son bras opposé ou sa bouche. L'étonnement est venu quand on a découvert que le singe qui, simplement, regarde un autre singe en train de réaliser cette action active exactement la même zone de neurones [16]. La résonance commence dès la première interaction biologique, comme si le singe disait : « Quand je vois un congénère attraper une banane, ça m'intéresse tellement que mon cerveau se prépare à effectuer la même action. » Avant d'être faciale ou comportementale, l'imitation est neurobiologique. Plus tard, chez l'être humain, la résonance deviendra historique, comme si la mère disait : « Quand je vois mon enfant se comporter ainsi, ça me rappelle que moi, à son âge, quand je faisais ce geste, ma mère s'en irritait... » La réponse comportementale dont la mère enveloppe l'enfant trouve son origine dans son histoire avec sa propre mère. Il s'agit plutôt de récits-miroirs que de neurones-miroirs. Quand Aimé Césaire parle de « négritude [17] », il évoque certainement un phénomène de résonance, comme s'il disait : « Je parle avec cet homme, je travaille et soudain je perçois sur sa face une minuscule expression qui, dans un éclair, me fait comprendre que, sous son regard, je suis un Nègre ! » La fulgurante mais inhabituelle expression faciale permet au poète d'attribuer à l'autre des pensées et des croyances. Rien n'a été dit avec des mots et pourtant quelque chose a été clairement transmis entre les deux mondes intimes.

Il y aurait donc une phylogenèse de l'empathie repérable dès les niveaux élémentaires de la résonance quand le simple fait de voir l'action d'un autre prépare l'individu qui

16. Rizzolatti G., Fadiga L., « Grasping objects and grasping action meanings. The dual role of monkey rostroventral premotor cortex (area F5) », *in* G. R. Bock, J. A. Goodel (eds), *Sensory Guidance of Movement*, Novartis Foundation Symposium 218, Chichester, John Wiley and Sons, 1998, p. 81-103.

17. Césaire A., *Une saison au Congo* (théâtre), Paris, Seuil, « Points », 2001 ; et Senghor L. S., *Hosties noires*, Paris, Seuil, 1948.

regarde à effectuer la même action. Cette suggestion comportementale grâce aux neurones-miroirs permet aux singes de partager un monde de singes. Les pigeons connaissent probablement le même phénomène de résonance neurologique. Quand l'un d'entre eux s'accroupit avant de s'élancer dans l'envol, sa « posture d'intention » provoque chez les congénères un accroupissement analogue. Cette imitation par contagion des comportements permet au groupe de fonctionner ensemble, de s'envoler dès que l'un d'eux perçoit un signal de danger que les autres n'ont pas perçu et auquel ils vont néanmoins répondre [18]. Les animaux grégaires se déplacent ainsi en limitant les dangers, synchronisent le groupe en mangeant et en dormant au même moment, adaptent leurs comportements sexuels à l'écologie, s'accouplent quand les jours s'allongent et élèvent leurs petits avant la migration.

Il y aurait aussi une ontogenèse de l'empathie commençant dès les niveaux élémentaires de la résonance biologique des neurones-miroirs. Les nouveau-nés synchronisent immédiatement leurs mimiques faciales avec celles de l'adulte. Quand celui-ci avance les lèvres en faisant la moue, le bébé fait de même presque instantanément [19]. C'est peut-être ce qui explique son adaptation parfaite au mamelon qui, en pointant, provoque l'avancée des lèvres du petit. L'être-ensemble permet la survie, mais très tôt, le monde des émotions devient contagieux grâce aux neurones-miroirs. Placez-vous face à un bébé de deux mois, passez votre main devant votre visage, lentement de

18. Tinbergen N., *Social Behaviour in Animals*, Londres, Methuen and Co, 1953.

19. Meltzoff A. N., Moore M. K., « Imitation of facial and manual gestures by human neonates », *Science*, 198, 1977, p. 75-78.

haut en bas de façon qu'en arrivant sous le menton votre visage dévoile une mimique de pleurs. Puis remontez votre main vers le front, de façon qu'elle dévoile un large sourire, et vous verrez que le bébé reproduit à la perfection les mimiques de tristesse ou de gaieté synchrones aux vôtres. Le « Mitsein » des phénoménologues, l'être-avec qui nous permet de fonctionner ensemble et de partager un même monde persiste chez l'adulte quand, en donnant une cuillerée à son bébé, il ouvre la bouche un peu avant lui.

Le point de départ du processus empathique se situe dans la résonance neurologique que l'on peut rendre visible aujourd'hui avec les techniques de neuro-imagerie. Nos neurones-miroirs entrent en résonance avec le geste de l'autre qui nous touche. Si son action nous concerne, la résonance magnétique montre l'activation de circuits neuronaux spécifiques : l'aire occipitale de l'observateur, celle qui traite l'image, envoie instantanément l'information au cortex fronto-temporal* qui prépare à la même action. La simple action observée déclenche l'alerte des neurones-miroirs comme une sorte de réflexe interindividuel. Quand on tape sur le tendon rotulien de quelqu'un, on provoque l'extension réflexe de sa jambe, alors que, dans l'empathie neuronale, c'est la vue du mouvement de l'un qui stimule en miroir les neurones moteurs de l'autre. Mais cet autre doit être signifiant. Quand on enregistre les activations temporales d'êtres humains en train de regarder à la télévision des films montrant des hommes ou des animaux, on constate que la vue des hommes alerte plus intensivement les neurone-miroirs de l'observateur [20].

20. Cochin S., Barthélemy C., Lejeune C., Roux S., Martineau M. E., « Perception of motion and qEEG activity in human adults », *Electroencephalography and Clinical Neurophysiology*, 107, 1998, p. 287-295.

Désirer sans agir prépare à la parole

La convergence de ces données pose un problème stimulant. Quand un homme observe un être signifiant en train d'effectuer une action intéressante, ses aires frontales inférieures sont alertées comme s'il s'apprêtait à en faire autant, mais l'inhibition préfrontale empêche le passage à l'acte*. Or, quand cette zone est alertée en même temps qu'empêchée, comme lorsqu'en voiture nous accélérons tous freins serrés, la mise en jeu corticale est plus marquée au pied de la frontale ascendante gauche, qui, chez l'homme, supporte le langage[21]. Se disposer à l'action tout en s'en empêchant faciliterait une préparation neuronale à la parole. La neuro-imagerie est totalement d'accord avec la psychanalyse : le stade neuronal de l'empathie permet, en observant le comportement signifiant de l'autre et en s'empêchant de faire la même action, de sensibiliser sa propre zone de langage. Si on agit, on a moins besoin de la parole. L'effet intersubjectif de l'empathie permet de se décentrer de soi et de se préparer à la parole : il ne reste qu'à passer la convention des signes pour apprendre sa langue maternelle[22].

Quand l'expression de la souffrance de l'un provoque la réaction empathique de l'autre, un lien se tisse qui peut prendre des directions variées. Pour illustrer cette idée, on peut se demander pourquoi tant d'êtres vivants réagissent

21. Grézes J., Costes N., Decety J., « Top-down effect of strategy of the perception of human biological motion : a PET investigation », *Cognitive Neuropsychology*, 15, 1998, p. 553-582.

22. Corbalis M. C., « La langue des signes dévoile l'essence innée du langage », *La Recherche*, novembre 2004, p. 22.

par des vocalisations à une souffrance. Qu'il s'agisse de cris de douleur, de gémissements ou de pleurs provoqués par un chagrin, c'est toujours la zone périaqueducale, le noyau médiodorsal du thalamus qui envoie des messages à l'aire cingulaire antérieure *. Qu'un oisillon soit physiquement blessé ou séparé de sa mère, il émet dans les deux situations des cris de détresse de même forme sonore. Quand un tel cri est émis par un chaton, la mère répond par une sorte de roucoulement qui permet au petit de la localiser dans l'espace et de s'orienter vers elle. Et, dès que le contact olfactif, visuel ou tactile est rétabli, les partenaires de l'interaction cessent de vocaliser. Un nouveau-né humain lui aussi cesse de vocaliser dès qu'il est à nouveau enveloppé par le contenant sensoriel composé par les bras maternels, sa poitrine, ses vêtements, son odeur et sa voix.

« L'encéphalisation de la douleur [23] » permet d'échapper à l'immédiateté des réflexes et de mettre en relation la souffrance de l'un avec l'empathie de l'autre. Quand le nouveau-né pleure, il provoque une émotion dans le monde de l'adulte qui peut réagir par un sentiment de tendre plaisir à l'idée de secourir le petit ou par un agacement, selon sa propre histoire et son état d'esprit. L'expression vocale de l'un fait impression dans l'autre et tisse un lien dont la forme dépend de la manière de crier du petit et du sentiment provoqué chez le grand.

Chez tous les mammifères, une électrode plantée dans l'aire cingulaire antérieure provoque une vocalisation. En situation naturelle, une douleur physique, une privation sensorielle, une perte ou une séparation sti-

23. Tucker D.M., Luu P., Derry-Berry D., « Love hurts : the evolution of empathy concern though the encephalisation of nociceptive capacity », *Development Child Psychopathology*, 17, 2005, USA Cambridge University Press, p. 704.

mulent la même zone et provoquent la même vocalisation. L'adulte qui perçoit cette sonorité riche en fréquences aiguës désagréables alerte lui aussi sa zone cingulaire qui transmet le message au pied de la frontale ascendante. Cette stimulation provoque une réponse de « roucoulement » si l'on est un chat, ou de paroles si l'on est un être humain. Dans tous les cas, une réponse active de rescousse [24] est prévisible chaque fois qu'on stimule cette zone motrice et langagière du cerveau.

Pour aimer, il faut sauver

Une telle observation pose un énorme problème psychoaffectif : on ne peut plus dire que, pour augmenter l'attachement du petit, il suffit de satisfaire ses besoins. Au contraire même, c'est l'apaisement d'une souffrance qui augmente l'attachement et non pas la satisfaction d'un plaisir. Ce qui revient à dire que, pour éprouver le bonheur d'aimer, il faut auparavant avoir souffert d'une perte affective [25] ! La figure qui apporte l'apaisement devient alors marquante dans le psychisme de l'endolori. Un être vivant qui ne souffrirait ni de douleur physique ni du chagrin d'un manque n'aurait aucune raison de s'attacher !

Par bonheur, un bébé humain souffre dès sa naissance. Quand il quitte l'eau du milieu amniotique qui était chauffé à 37 °C, il a froid, il sèche, il est brutalisé par la

24. Ploog D. W., « Neuroethological perspectives on the human brain : from the expression of emotions to intentioned signing and speech », *in* A. Harrington (ed.), *So Human a Brain : Knowledge and Values in the Neuro-Sciences*, Boston, Birk Hauser, 1992, p. 3-13.

25. Panksepp J., « Neuroscience. Feeling the pain of social loss », *op. cit.*, p. 237-239.

nouvelle sensorialité qui l'entoure. La lumière l'éblouit, les sons ne sont plus filtrés, on le cogne en le prenant puisqu'il ne baigne plus dans la suspension hydrostatique utérine, et il souffre dans sa poitrine lorsque ses poumons se déplissent pour respirer. C'est alors que surgit une énorme enveloppe sensorielle qu'on appelle « mère ». Elle le réchauffe, l'entoure d'odeurs, de touchers et de sonorités qu'il reconnaît puisqu'il les avait déjà perçues avant sa naissance. Sauvé ! Désormais, chaque fois qu'il devra endurer un petit malheur, le bébé sait que le même objet sensoriel surviendra, lui permettant ainsi d'apprendre à espérer. En s'attachant à cet objet qui redonne le bien-être, il acquiert une aptitude à se sécuriser non seulement au contact d'un réel sensoriel, mais aussi à la représentation préverbale de ce contact dont il attend l'apaisement. Pourrait-on apprendre à espérer des moments meilleurs si on ne les avait pas perdus ? Pourrait-on apprendre à aimer si l'on n'espérait pas qu'un autre nous redonne des moments meilleurs ?

Notre culture logique a tendance à nous faire croire qu'il suffit que les parents soient gentils et que l'enfant soit sain pour que se tisse un attachement de bonne qualité. Ce raisonnement linéaire paraît beaucoup trop simple. Quand il n'y a pas de donneur de soins parce qu'il est mort ou malade, ou parce qu'un mythe raconte qu'il faut isoler les enfants afin de ne pas les rendre capricieux, le petit privé d'altérité ne trouve que son propre corps comme substitutif. Il se balance, tournoie, suce son pouce ou se frappe pour se sentir vivre un peu. En survivant tant bien que mal, il n'a pas l'occasion de se décentrer de lui-même pour découvrir le monde d'un autre. Sa capacité à l'empathie ne peut pas se développer puisque, dans un tel contexte, il n'y a que lui-même.

De toute façon, l'empathie doit s'arrêter parce qu'il y a toujours un moment où l'on ne parvient plus à se mettre à la place des autres. Ils sont trop loin, ces Aborigènes, ils sont trop nombreux, ces Chinois, ils sont bizarres, ces Martiens. Quand les représentations de l'autre sont impensables et que l'empathie ne peut aller plus loin, le sujet devient autocentré puisque le monde de l'autre est inaccessible.

Souvent, c'est le sujet lui-même qui a peur de se décentrer, et, dans le vide de la représentation de l'autre, l'homme sans empathie met ses propres représentations. « La projection est un processus psychique intime qui se joue entre deux organismes[26]. » « [C'est] une opération par laquelle le sujet expulse de soi et localise dans l'autre, personne ou chose, des qualités, des sentiments, des désirs[27]... » Quand il n'y a plus de différenciation entre soi et l'autre, parce qu'il n'y a pas d'autre ou parce que le sujet est fusionnel, il n'y a pas de place pour l'empathie. Le processus de projection devient alors inévitable et peut même être adaptatif dans un désert affectif. Il révèle un trouble du développement quand le sujet ne se représentant pas le monde de l'autre lui attribue ses propres désirs d'amour ou de haine, de protection ou de persécution.

Quand il arrive que l'autre ne soit pas sécurisant parce qu'il est lui-même en difficulté à cause d'une dépression, d'une personnalité inquiétante ou d'un traumatisme qui le rend effrayant, le petit s'attache à un objet troublé

26. Chabert C., « Projection », *in* D. Houzel, M. Emmanuelli, F. Moggio, *Psychopathologie de l'enfant et de l'adolescent*, *op. cit.*, p. 542.
27. Laplanche J., Pontalis J.B., *op. cit.*, p. 344.

qui devient ainsi une base d'insécurité : « Près de lui, je me sens mal. Loin de lui, je suis anxieux. J'ai peur de lui et j'ai peur sans lui », disent souvent les enfants maltraités. Cette proximité sur le fil du rasoir du bonheur et du malheur, de la sécurité et de l'insécurité explique pourquoi tant d'enfants maltraités s'attachent à ceux qui les malmènent. Logiquement, ils devraient fuir le malheur et se précipiter vers le bonheur. Très peu le font. Le plus souvent, ils n'abandonnent pas le parent maltraitant, surtout quand il devient vieux et fragile [28]. Parfois, ils se font croire qu'ils ont eu des parents comme les autres et soutiennent contre toute évidence qu'ils n'ont jamais été maltraités. Souvent, ils se demandent pourquoi ils ne peuvent pas s'empêcher de se dévouer pour une mère qui les a torturés : « Je vais tous les jours chez elle. Elle est trop malade. Mais ça m'accable, ça m'écrase même. »

Être soi-même en paix pour mieux décoder l'autre

L'hypothèse logique serait de supposer que tout enfant privé d'étayage affectif développe mal son empathie. En effet, une population d'enfants isolés ou maltraités devient un groupe à risques de drogue, de délinquance, de ruptures scolaires et de mécanismes projectifs attribuant aux autres leurs propres fantasmes persécutifs.

Les déterminants de ce trouble sont hétérogènes. Deux méthodes rendent possible l'évaluation d'un retard à

28. Polan H. J., Hofer M. A., « Psychological origins of infant attachment and separation responses », *in* J. Cassidy, P. R. Shaver, *op. cit.*, p. 165.

l'ontogenèse de l'empathie : le décodage des émotions des autres et l'analyse des représentations d'un enfant qui cherche à comprendre ce que l'autre voit, ce qu'il désire et ce qu'il croit [29]. La réponse est claire : les enfants qui se développent dans un milieu appauvri par le manque d'amour autant que par l'excès interprètent mal les mimiques faciales de ceux qui les entourent. Ils leur prêtent souvent des pensées, des croyances et des intentions qu'ils n'ont pas [30].

Sybellius, âgé de sept ans, a été découvert au Rwanda dans une minuscule pièce sans fenêtre où il avait été caché afin de le protéger du massacre. Les voisins, sans un mot, lui avaient jeté un peu de nourriture. Quand les sauveteurs sont venus le chercher, ils étaient tellement contents qu'ils ont souri et tendu les bras. Alors Sybellius s'est mordu et violemment frappé le front par terre. Son long isolement sans paroles, sans radio, sans lecture et sans échange possible l'avait fait régresser à un stade où toute information était redevenue inconnue. Un sourire, un bras tendu provoquaient une alerte qu'il ne pouvait apaiser que par une activité autocentrée. Le monde extérieur l'effrayait tellement que seule la douleur le sécurisait en l'orientant de force vers ce qui venait de lui-même. Souvent les psychotiques réagissent ainsi, ils se tranquillisent grâce à une souffrance qui les oblige à se recentrer sur leur propre corps. Les enfants maltraités, rendus vigilants à la moindre menace, au plus petit signal venu de

29. Pears K. C., Fischer P. A., « Emotion understanding and theory of mind among maltreated children in foster care : evidence of deficits », *Development and Psychopathology*, Cambridge University Press, 17, 2005, p. 47-65.

30. Lapage L., Watson A. C., « Individual differences in theory of mind, aggressive behaviour and social skills in young children », *Early Education in Development*, 12, 2001, p. 614-628.

l'offenseur, se glacent pour moins souffrir et se calment en se préoccupant uniquement de leurs fascinations mentales. L'empathie s'arrête quand l'autre est effrayant, et, dans un monde sans autre, le gouffre est affolant. Pour un enfant privé de base de sécurité le monde extérieur est terrifiant. Pour que l'empathie se développe, il faut qu'un autre nous attire, sinon c'est le narcissisme qui nous protégera d'une altérité impossible à affronter.

Il arrive qu'un enfant non maltraité éprouve le monde comme une alerte. S'agit-il d'un petit transporteur de sérotonine qui, alarmé par toute rencontre, ne peut pas apprendre à décoder les mimiques faciales des autres[31] ? Ou s'agit-il d'un enfant qui, vivant au contact d'un parent effrayé, apprend à éprouver le monde de manière effrayée ? Lors de la transmission de la peur des orages, l'enfant hurle dans les bras de sa mère affolée, alors qu'il joue et sourit dans les bras de son père. Il peut s'agir aussi d'enfants gros transporteurs de sérotonine et élevés par des parents sereins, mais qui blessés par un accident de la vie ont dû être isolés, acquérant ainsi la peur des autres. Il peut même s'agir d'un surinvestissement affectif quand le parent, à cause de son histoire, souhaite le plus gentiment du monde devenir un parent parfait. Sans en avoir l'intention, il établit avec son enfant adoré une relation d'emprise qui le coupe des autres et le soumet à son amour exclusif. Au moment où le surgissement de l'appétit sexuel fait appel à toute l'empathie du jeune qui cherche à percevoir sur le corps du désiré le moindre signal qui lui ferait comprendre sa disposition d'esprit à la

31. Pollack S., Cicchetti D., Hornung K., Reed A., « Recognising emotion in faces : developmental effects of child abuse and neglect », *Developmental Psychology*, 36, 2000, p. 679-688.

sexualité, l'adolescent trop entouré qui n'a jamais appris à se décentrer de lui-même ne sait pas harmoniser ses désirs à ceux du partenaire espéré [32].

Mille manières de se soucier d'un autre

Ces causes différentes et parfois opposées se conjuguent pour provoquer l'apparition d'un même symptôme. Toute difficulté d'épanouissement, quelle que soit son origine, peut altérer le sens de l'autre et orienter le sujet vers une socialisation difficile. C'est pourquoi l'empathie, qui mène au souci de l'autre, peut prendre des formes différentes. Son développement empêché centre le sujet sur lui-même, comme un narcisse hypertrophié, ou au contraire le décentre vers l'autre, comme une hémorragie narcissique.

Quand un jeune dont l'empathie a été malformée devient parent, son enfant ne peut grandir qu'au contact de cette empathie altérée. Une mère autocentrée perçoit son enfant comme une ombre inquiétante. Le petit s'épanouit mal dans un milieu où l'affectivité est distante. Il arrive aussi qu'un parent au psychisme vidé par la mélancolie ne parvienne à remplir son monde intime que grâce à cet enfant pour lequel il ressent un amour exclusif : « Tout pour lui, puisque je ne suis personne. » Cette manière d'aimer et de vouloir le bonheur du petit fait le malheur de tout le monde, puisque le parent dans sa générosité hémorragique n'assume pas sa fonction de base de

32. Fonagy P., Redfern S., Charman T., « The relation between belief desire reasoning and a projective measure of attachment security (SAT) », *British Journal of Development Psychology*, 15, 1997, p. 51-61.

sécurité. Trop centré sur l'enfant, il le prive de l'étayage extérieur qui conforte le petit. L'amour le plus authentique, l'intention la plus généreuse ont dépersonnalisé le parent qui, en privant l'enfant de base de sécurité, altère son élan vers les autres, sa socialité [33]. On voit alors se transmettre à travers les générations un trouble hérité qui n'est pas héréditaire [34]. Le trouble du grand peut altérer le petit parce que l'empathie agit comme une passerelle intersubjective.

Quand un mélancolique se sent isolé, chassé du groupe parce qu'il souffre d'une extrême tristesse alors que les autres sont gais, il suffit que le groupe devienne malheureux pour que le déprimé se sente au diapason. Depuis son enfance, madame Lon... se sentait constamment au bord des larmes. Sans comprendre pourquoi, sans raison consciente, elle se sentait anormale puisqu'elle pleurait toujours quand les autres riaient. Sauf aux enterrements où elle se sentait bien, parce que tout le monde pleurait comme elle. Le bain de tristesse lui donnait le plaisir de la communion, la contagion émotionnelle gommait la différence. Dans la compassion empathique, on peut plaindre autrui et partager ses maux. Dans sa communion apaisante, madame Lon... aurait pu dire : « Quand les autres sont tristes comme moi, je me sens mieux puisqu'on est triste ensemble. » Alors que, si elle avait dit : « Je suis attirée par les faibles parce que avec eux je me sens supérieure », elle aurait témoigné d'une empathie malade.

33. Tucker D. M., Luu P., Derry-Berry D., « Love hurts : the evolution of empathic concern through the encephalisation of nociceptive capacity », *Development and Psychopathology*, 17, 2005, p. 699-713.

34. Decety J., Jackson P. L., « The functional architecture of human empathy », *Behavioral and Cognitive Neuroscience Review*, 3, 2004, p. 71-100.

Quand l'autre est trop loin ou quand il appartient à un groupe ou à espèce qui ne nous touche pas, on ne peut pas établir un lien de compassion. Dans les zoos, les chimpanzés attirent des poussins en leur jetant des morceaux de pain, puis, soudain, ils les abattent d'un coup de bâton [35]. Cette technique d'appât prouve leur intelligence et révèle leur accès à l'empathie d'objet. Ils peuvent, comme tout chasseur, prévoir et manipuler les comportements du poussin, mais ils ne souffrent pas du deuil qu'ils infligent à la maman poule. Leur empathie s'arrête au corps et au comportement du gibier. Certains humains connaissent quelque chose du même ordre quand, au lieu de plaindre les autres et de partager leur malheur, ils peuvent s'en amuser, en jouir ou les mépriser. Quand nos petits innocents éclatent de rire en regardant le film du gros méchant trappeur qui poursuit le frêle Charlot, ils ne compatissent pas avec l'angoisse du clown. Ils s'amusent de la peur d'être poursuivis, comme ils ont hurlé de rire quand leur propre père a joué à les attraper. Cette place de l'autre, non douloureuse malgré l'apparence de peur et de fuite, est proche de l'identification, comme si Charlot leur rappelait le plaisir angoissé d'être saisis et soulevés du sol par leur gros papa.

Les empathies arrêtées

Le système grince quand une difficulté surgit dans ce qu'on est, autant que dans ce qui est. Dans les exemples précédents, nous avons réfléchi aux troubles de l'alentour,

35. Waal F. B. M. de, *op. cit.*, p. 108-109.

mais le système fonctionne aussi péniblement quand le monde intime est altéré. Il peut s'agir d'une histoire blessée, d'une représentation de soi insupportable ou d'un cerveau altéré qui ne parvient plus à extraire de son milieu les perceptions nécessaires pour nourrir des représentations adéquates.

Elle a cinquante ans. Depuis quelques mois, son entourage est dérouté par l'étrangeté de ses comportements. Elle reste assise de longues heures. Elle, qui était si ponctuelle, oublie d'aller à son travail. Elle est renvoyée et n'en parle pas à sa famille. Sa manière de ranger les affaires est bizarre. Elle empile son linge jusqu'à ce que le tas s'écroule. Elle frotte longuement une table déjà propre. Elle classe soigneusement les papiers qu'elle vient de gribouiller. Elle ne parle plus de la même manière. Elle qui était bavarde répond brièvement aux questions qu'on lui pose. Les phrases sont courtes, articulées d'une voix forte, sans prosodie, sans mimiques, en regardant fixement l'interlocuteur. Elle comprend, mais ne parvient plus à enchaîner les idées ni les gestes. Elle entame une action et peu après s'arrête. Elle commence un récit et se tait au milieu d'une phrase, comme si l'autre n'était plus là.

Le scanner révèle une importante atrophie des deux lobes frontaux [36]. Ce n'est pas une maladie d'Alzheimer puisque la malade parle bien et a bonne mémoire quand on la sollicite. Ce tableau clinique, qui associe l'apathie par manque d'initiative et l'absence d'empathie par incapacité à tenir compte de la présence de l'autre, est caractéristique de la démence frontale.

36. Benisty S., « Anosodiaphorie ou anasognosie ? », *Abstract Psychiatrie*, n° 14, février 2006, p. 12-13.

Pas de planification, pas même un petit projet, pas de présence de l'autre dans son monde mental. Elle perçoit physiquement le corps d'un autre puisqu'elle l'évite et répond à ses questions, mais elle ne tient plus compte de son monde mental. Elle n'est plus gênée par la gêne qu'elle provoque. Alors, elle reste immobile sur sa chaise et soudain, quand arrive une personne inconnue, elle demande à son mari : « Qui c'est, celle-là ? » Elle reconnaît son mari, mais n'a aucune pudeur à lui demander à voix haute, en présence de l'inconnue : « Qui c'est, celle-là ? », puis elle se rassoit, inerte.

Son incapacité neurologique à se représenter le temps l'immobilise. Sans anticipation ni recherche du passé, elle est soumise au présent. Incapable de se décentrer d'elle-même, elle n'a pas le recul du temps qui lui aurait permis de se voir elle-même et de s'entendre demander : « Qui c'est, celle-là ? » Pour avoir une représentation de soi, il aurait fallu qu'elle se revoie, qu'elle se réentende disant cette phrase. Alors, elle aurait pu se demander : « Qu'est-ce que ma phrase va faire, plus tard, dans le monde de l'inconnue ? Peut-être sera-t-elle gênée par ma brutalité ? » La gêne qu'elle aurait éprouvée à l'idée d'avoir gêné l'autre aurait témoigné de son empathie. Ses phrases courtes, minuscules, sans virgule ni pronom de relation révèlent son incapacité à enchaîner les représentations. Les personnes âgées d'habitude ont tendance à associer ce qu'elles perçoivent avec des événements passés, à relier les faits présents avec leur mémoire autobiographique. Mais, quand on a perdu ses lobes frontaux, on ne fait pas de récit de soi, pas de syntaxe, pas de liaison entre ses actes et ce que ça pourrait faire dans l'esprit des autres.

« – Vous êtes malade ?

– Non.

– Pourtant, ça fait trois semaines que vous êtes assise sur cette chaise.

– Ça me repose.

– Vous êtes fatiguée ?

– Non. »

À l'enterrement de sa femme, un veuf qui souffre de démence frontale dit à voix haute : « Qu'est-ce qu'on s'ennuie ! » S'il avait encore eu ses lobes frontaux, il aurait évoqué son passé avec elle, il aurait éprouvé une angoisse de la solitude à venir. S'il avait pense : « Qu'est-ce qu'on s'ennuie », il n'aurait jamais osé le dire parce qu'il aurait anticipé l'effet que sa phrase aurait produit dans le monde mental des autres. Complètement désinhibé, il répondait aux stimulations immédiates. Quand on n'a plus la possibilité neurologique de se représenter le temps, ni soi avec les autres, les mots perdent leur connotation affective. On peut se laisser aller à dire ce qu'on pense quand on n'a pas le souci de l'autre, comme un pervers qui n'envisage que ses propres pulsions et pour qui ses semblables ne sont que des pantins. Quand celui qui a perdu ses lobes frontaux ne peut plus se représenter le temps, il ne répond plus aux représentations qu'il se fait des représentations des autres : il a perdu sa vie intérieure ! Quand on ne se représente plus le temps, on est prisonnier des stimulations du présent [37]. Perdre l'autre en soi, c'est vider son monde intime et se soumettre à l'immédiat. Les pulsions n'ont plus le temps de prendre sens. Lorsqu'on est sans

37. Laplane D., Dubois B., « Auto activation deficit : a basal ganglia related syndrome », *Movement Disorders*, septembre 16 (5), 2001, p. 810-814.

histoire et sans espoir, les mots perdent leur goût comme des objets sonores vidés et desséchés.

Se mettre à la place de l'autre pour convenir de la parole

Les lobes préfrontaux ne fonctionnent pas d'emblée le jour de notre naissance. Il leur faut plusieurs années pour grossir et se circuiter. Progressivement, sous l'effet de la génétique et des pressions du milieu, ils vont se connecter aux neurones de la zone limbique* qui permettent la mémoire et les émotions. La sensation de durée qui nécessite l'existence d'une mémoire biologique afin de percevoir deux informations espacées et la représentation du temps qui rend possible l'empathie ont pour premier effet bénéfique de permettre l'apprentissage de la langue maternelle.

D'abord, l'enfant qui vient de naître répond à ce qu'il perçoit, d'où que viennent les informations, de la chaleur qui l'enveloppe, de la faim qui provoque un malaise, de la parole qui le touche comme un objet sensoriel et qui pénètre en lui sans qu'il puisse la maîtriser. Très tôt, il se sent mieux quand il parvient à donner forme au monde qu'il perçoit et à lui répondre par des gestes, des mimiques et des sonorités. Lorsque, vers l'âge de dix ou douze mois, il désigne les objets en pointant son index, il manifeste par ce petit comportement la preuve qu'il est devenu capable de piloter le regard de l'autre et de l'orienter vers la chose qu'il indique [38].

38. Stern D. N., *Le Monde interpersonnel du nourrisson. Une perspective psychanalytique et développementale*, Paris, PUF, 1985 (1989).

Le petit ne se fait pas encore une idée du monde mental de l'autre, mais déjà il est attentif à ses mimiques et parvient à les orienter. Dès l'âge de douze mois, il est moins soumis à l'immédiateté des perceptions, il peut s'entraîner à une posture mentale qui lui donne du recul. Bien avant la mise en mots, il y a une mise en gestes qui permet déjà une pensée en images [39]. Apprendre à analyser le corps de l'autre constitue certainement un point de départ fondamental de la compréhension d'autrui. Si le bébé éprouve du plaisir à cette découverte, il se met en posture d'empathie et pourra progresser. Mais, quand l'autre l'effraie, il éprouvera sa parole comme une effraction.

Vers l'âge de dix-huit mois, tous les enfants cessent d'échoïser : jusqu'alors, ils riaient quand on riait et prenaient un air grave quand on se fâchait. À cet âge, ils cessent de synchroniser leurs réponses mimiques à celles des adultes et restent perplexes devant nos mimes et nos mots [40], comme s'ils pensaient : « Voyons voir ! Quand elle fait cette grimace, c'est qu'il se passe dans sa tête une émotion de colère dont je subirai les retombées. Quand elle produit avec sa bouche une telle sonorité, cela révèle quelque chose de son monde que je ne peux pas percevoir. Ce mime ou cette sonorité offrent une porte d'entrée dans son espace intime. » Les enfants qui ont accès à l'empathie vont saisir cette occasion perçue sur le corps de l'autre afin d'accéder à ce qui n'est pas perçu. Mais des

39. Bergé C., Cosnier J., « Empathie et autisme : de l'"analyseur corporel" à la clinique de l'empathie », *CALAP* (*Cahiers d'acquisition et de pathologie du langage*), université René-Descartes, fascicule n° 23, 2003, p. 103.

40. Jouanjean-L'Antoëne A., « Genèse de la communication entre deux jumelles (11-24 mois) et leurs parents : approche éthologique, différentielle et causale », thèse, université de Rennes-I, 1994.

enfants qui ont peur de toute exploration vont détourner leurs regards, augmenter leurs autocontacts pour se sécuriser et, freinant ainsi le développement de leur empathie, ils retardent l'acquisition de la convention parolière.

Il y a certainement plusieurs causes à cette peur de l'orientation vers l'autre. Il peut s'agir d'un déficit neurologique comme on le voit dans certaines maladies génétiques où le cerveau malformé ne permet pas à l'enfant d'apprendre à décoder les indices qui viennent du corps de l'autre. Il peut s'agir d'un trouble neuro-développemental comme on le voit dans les intoxications cérébrales précoces du fœtus ou de l'enfant quand le poison altère les synapses. Il peut s'agir d'un trouble des interactions précoces, quand le milieu malade prive le petit de base de sécurité et empêche le façonnement de son cerveau comme lors des situations d'isolement sensoriel. Ce déficit peut même provenir d'un trouble psychoculturel chez les enfants constamment effrayés dans un pays en guerre.

C'est donc une enveloppe sensorielle partagée entre les partenaires qui amorce le processus empathique. La musique, les jeux, les soins et l'affection constituent probablement la matière de cette enveloppe commune qui tisse un espace en miroir où chacun s'intéresse à l'autre et joue à le découvrir.

L'empathie malade

Il n'est pas difficile d'observer comment se manifeste une empathie malade : les psychotiques, souvent, ont peur de franchir les portes puisque, ne percevant rien de l'autre côté, ils se représentent l'espace imperçu comme un vide dans lequel ils ont peur de plonger. De même, les enfants autistes décodent mal les mimiques faciales qui, pour eux, n'indiquent pas l'émotion du monde intime de l'autre. Ils ne répondent pas au sourire qu'on leur adresse, s'orientent affectueusement vers le chien qui les menace ou sont terrorisés quand on les invite à jouer.

Habituellement, un enfant qui commence un développement empathique ne peut pas s'empêcher de manifester dès le deuxième mois quelques comportements imitatifs. À ce stade, ses lobes préfrontaux encore immatures ne peuvent pas inhiber la réponse motrice. Le simple fait de voir une mimique de sourire provoque en lui la réponse motrice du sourire. Plus tard, quand il percevra une mimique de tristesse, il allumera les neurones qui commandent aux muscles de la face, au milieu de la frontale ascendante*. Or, dans la même situation, les enfants autistes n'allument pas leurs neurones-miroirs[41]. La mimique triste de la figure d'attachement ne déclenche pas la préparation neuronale à la réponse motrice de leur propre tristesse. L'être-avec ne fonctionne pas et ne prépare pas l'enfant au contrepoint des émotions. L'absence de réponses imitatives des nourrissons de quelques mois pourrait-elle constituer un symptôme de dépistage précoce de l'autisme ? Ce n'est pas impossible quand on voit, sur les cassettes d'événements familiaux (anniversaire, Noël), que, dès l'âge de quatre à six mois, ces enfants ne manifestaient pas de comportements anticipatoires : pas

41. Da Pretto M., Davies M. S., Pfeifer J. H., Scott R. A., Sigman M., Bookheimer S. Y., Jacobini M., « Understanding emotions in others : mirror neurodysfunction in children with autism spectrum disorders », *Nature Neuroscience*, 9 (7), janvier 2006.

d'avancée des lèvres quand on leur présentait un biberon ni des épaules lorsqu'on s'apprêtait à les prendre dans les bras. Les mères percevaient cette difficulté d'ajustement comportemental et disaient : « Il a toujours été lourd, plus difficile à tenir dans les bras, moins joueur que ses frères et sœurs. » Ce n'est que trois ans plus tard que le diagnostic sera posé. Aujourd'hui, on peut le faire avant.

Le « Mitsein » serait une sorte d'enveloppe sensorielle commune à des partenaires à des niveaux différents de développement. Chacun pourrait dire : « Le fait de l'observer ne me laisse pas indifférent et me prépare à partager son événement, son action que je n'effectue pas. » La cause du mauvais fonctionnement de ce système interactif peut être neurologique quand il n'y a pas de lobes préfrontaux, ou quand ils ont été mal connectés dans les petites années. Le plus souvent, la maladaptation est développementale quand le sujet élevé dans un contexte d'appauvrissement affectif n'a pas appris à se décentrer de lui-même. Le sujet sain, malade de son milieu, n'a pas eu l'occasion de se familiariser avec les mimes de l'autre. Plus tard, il lui prêtera des pensées, des croyances et des intentions qui ne viennent pas du partage de la même enveloppe.

Dans ce contenant sensoriel, l'empathie prend des formes variables. Chez les psychopathes qui n'ont jamais appris à se décentrer d'eux-mêmes, l'autre est perçu comme un simple signal. Si en souffrant il gesticule, le psychopathe s'en amuse. Quand le développement de son empathie a été freiné, le psychopathe éprouve, comme un prédateur, une empathie d'objet. Il n'est pas gêné par la souffrance qu'il inflige.

Les enfants isolés manifestent souvent cette anomalie de l'empathie. Ayant été privés de tuteurs de développement, ils se sont adaptés à cette carence environnementale en augmentant leurs activités et leurs mentalisations autocentrées. Si bien qu'il leur arrive de torturer sans sadisme, juste pour voir comment réagit l'autre. Ces enfants-là sont plus narcissiques que psychopathes puisqu'il suffit de leur faire découvrir la souffrance qu'ils ont infligée au monde du violenté pour les bouleverser et interrompre leurs tortures exploratoires.

Chez les psychotiques aussi les mimes sont mal décodés. Les paranoïaques interprètent souvent un sourire comme une marque de mépris ou un silence comme la preuve qu'on parlait d'eux. Ils sont prisonniers de leur propre interprétation et non pas du décodage qui leur permettrait de comprendre ce que le sourire ou le silence révèle du monde de l'autre. Le psychotique qui participe à une réunion et soudain se masturbe en public ne transgresse pas, ne s'amuse pas du malaise qu'il provoque, comme le ferait un psychopathe. Il n'est simplement pas capable d'envisager ce que son comportement peut provoquer dans l'esprit des témoins.

Ces gens manifestent un déficit d'activation de l'amygdale [42]. Le noyau de neurones qui se trouve à l'extrémité antérieure de l'anneau limbique * ne s'allume pas, comme il le ferait si le psychotique éprouvait une émotion d'angoisse ou de gaieté, de colère ou de peur en se masturbant en public. Enfermé en lui-même, il répond à un stimulus qui vient de son propre corps sans tenir compte de

42. Green M. J., « La persécution (ressentie) : un évitement actif », *Neuroscience Biobehavior Revue*, 28 (3), 2004, p. 333-342.

ce que sa réaction va provoquer dans l'esprit des autres. Se décentrer de la perception de soi pour se représenter un non-soi est une performance que les psychotiques ont beaucoup de mal à réaliser. Tenir compte de la perspective d'autrui nécessite l'intégrité du système nerveux, circuité lors des interactions précoces et activé par la présence d'un autre que l'on désire rencontrer.

Il faut être fou pour ne pas croire à son délire

Quand son façonnement précoce ne lui a pas permis d'apprendre à retarder une satisfaction, le sujet répond tout de suite à sa pulsion parce qu'il n'a pas appris à espérer qu'un autre interviendra plus tard. Cette idée a été expérimentée en apportant une récompense aussitôt après le signal qui l'annonce [43]. Tous les mammifères qui ont été satisfaits sans délai sont devenus intolérants à la frustration. Quand le signal prometteur n'était pas suivi de la récompense instantanée prévue, les réactions émotionnelles étaient intenses, et l'agressivité du frustré s'expliquait par un manque suraigu. D'autres animaux ont été récompensés irrégulièrement. Dans ce groupe, il n'y a jamais eu de réactions émotionnelles d'impatience ou de colère, comme s'ils avaient acquis une aptitude à retarder la satisfaction, à tolérer la frustration.

Cet apprentissage précoce des réactions émotionnelles est aujourd'hui rendu visible par la neuro-imagerie

43. Padini M. R., « Comparative psychology of surprising non reward », *Brain, Behavior and Evolution*, 62, 2002, p. 83-95.

chez les enfants autistes [44]. Quand un enfant voit quelqu'un manger, il allume les neurones-miroirs au pied de sa frontale ascendante qui se connecte aussitôt à l'aire préfrontale de l'anticipation et au circuit limbique de la mémoire et des émotions *. L'enfant autiste, lui, dans la même situation allume l'aire pariétale antérieure gauche de la sensibilité de l'hémicorps droit et se connecte à l'aire associative visuelle droite. Pour lui, voir quelqu'un manger ne le prépare pas à réaliser une action identique, mais déclenche la sensation d'être touché dans son hémicorps droit ! Il est classique, à propos des autistes, d'être étonné par leurs synesthésies quand une perception s'associe avec une voie sensorielle inattendue, comme l'audition d'une musique qui provoque un goût dans la bouche, ou l'énoncé d'une lettre d'alphabet qui évoque une couleur. Quand une personne en observe une autre et que ses neurones-miroirs la préparent à faire la même chose, on peut penser que cette manière de se mettre à la place de l'autre prédit un type de socialité. Alors que, lorsqu'un enfant autiste éprouve une sensation étrange dans son hémicorps droit parce qu'il a vu un compagnon manger une pomme, on peut prédire une socialité étrange. Il est admis que les autistes sont envahis par les sons et les images, ce qui explique leur affolement fréquent et parfois leur mémoire stupéfiante pour la musique et les images. Mais, restant collés au signifiant qui les submerge, ils ont du mal à se séparer et à créer l'espace où les autres enfants aménagent des passerelles de mots [45].

44. Davis K. M., Goldring-Ray S., Kraft R. H., « Attachment security and frontal asymetry : differences in emotion regulation strategie, Poster », *American Psychological Society*, 1998.

45. Golse B., *Le Développement affectif et intellectuel de l'enfant*, Paris, Masson, 1989.

Cette absence de séparation qui empêche la distinction entre le soi et le non-soi existe aussi chez les paranoïaques, qui ne parviennent pas à se distinguer de leurs persécuteurs : « Il éprouve ce que j'éprouve, il pense ce que je pense, il croit ce que je crois. » Cette conviction est une évidence pour lui. Il sait bien ce qu'il sent et ce qu'il veut faire, il éprouve clairement ce qu'il attribue à l'autre. Cette non-distinction entre soi et les autres explique pourquoi les psychotiques nous disent si souvent qu'il faut être fou pour ne pas croire à leur délire.

Empathie et cinéma

Le simple fait de s'attacher à quelqu'un nous engage dans un travail de décentrement de soi. La neuro-imagerie de l'empathie des couples va nous permettre de voir et de comprendre comment s'amorce cette aventure [46]. Postulons que les couples d'amoureux sont attentifs l'un à l'autre. Dans un premier temps, madame est placée dans une machine à résonance magnétique. On lui inflige un petit choc électrique sur le dos de la main, ce qui nous permet de voir la zone cérébrale alertée par l'aboutissement des voies de la douleur : l'aire cingulaire antérieure *. Puis, devant elle, on inflige à monsieur le même petit choc : dans le cerveau de madame qui n'a pas reçu le choc on voit la même zone cingulaire s'allumer. Enfin, on écrit simplement sur un tableau l'intensité du choc qu'est censé recevoir son amoureux et l'on voit que le simple

46. Holden C., « Imaging studies show how brain thinks about pain », *Science*, vol. 303, 20 février 2004.

énoncé, le chiffre écrit, stimule lui aussi la zone cérébrale de la douleur de madame. La partie antérieure de l'aire cingulaire antérieure, l'insula, le thalamus et la partie pariétale sensitive* qui reçoit les informations cutanées de la main passent au rouge, comme si madame avait reçu réellement le choc. Que la douleur soit perçue ou représentée, qu'elle passe par les voies neurochimiques ou par la perception d'un mot, c'est la même zone cérébrale qui, alertée, provoque une émotion ressentie dans le corps. Le simple fait de se représenter dans notre monde psychique la souffrance de quelqu'un qu'on aime provoque en nous un malaise biologique [47]. Quand celle que j'aime souffre, je ne souffre pas comme elle, mais je ne peux pas être heureux. Mon bien-être dépend de son bonheur.

On peut agir sur n'importe quel point du système de la souffrance dont les portes d'entrée sont différentes. Un médicament peut modifier les substances qui permettent aux voies neurochimiques de transporter la douleur. On peut tout autant remanier les représentations d'images et de mots qui, de toute façon, stimuleront la même zone cérébrale. Un tableau, un roman, un film ou une psychothérapie modifient nos sentiments puisqu'il nous arrive de pleurer au cinéma alors qu'« on sait que ce n'est pas pour de bon », ou de « voir les choses autrement » après un travail verbal. Le pouvoir d'une représentation sur notre corps est si grand que l'attente d'une douleur est déjà une souffrance, et que l'espérance d'un soulagement nous apaise aussitôt. La parole qui permet le remaniement des émotions peut donc être une bénédiction autant qu'une

47. Singer T., Seymour B., O'Doherty J., Kaube H., Dolan R. J., Frith C. D., « Empathy for pain involves the affective but not sensory components of pain », *Science*, vol. 303 20 février 2004.

malédiction. On est enchanté par une phrase et torturé par une autre. Les récits culturels dans lesquels nous baignons peuvent nous euphoriser quand le réel est sans espoir autant que nous abattre dans une situation paisible. Le placebo (qui plaît) possède un effet biologique [48] au même titre que le nocebo (qui nuit). Celle qui attend la douleur en souffrira bien plus, comme on le voyait à l'époque où les récits familiaux et culturels préparaient les femmes à « enfanter dans la douleur ». L'apparition de l'accouchement dit « sans douleur » et des techniques de maîtrise de la souffrance grâce aux injections péridurales permettent aujourd'hui à beaucoup de jeunes mères de maîtriser la douleur... sans aucune injection ! Le simple fait de savoir que c'est possible rend le fait possible.

La neuro-imagerie permet d'observer comment une croyance parvient à modifier les circuits neurologiques de la douleur. Une névralgie d'origine physique passe par les capteurs mécaniques spécialisés, les fibres nerveuses sans myéline, les cordons postérieurs de la moelle, les relais du thalamus qui la projettent sur le cortex de l'aire cingulaire* qui s'allume enfin après ce long parcours. Mais il suffit d'induire une croyance par un récit, par un film ou en donnant à la personne un placebo assaisonné de mots pour voir que cette stimulation alerte en priorité l'aire préfrontale qui inhibe les voies de la douleur et se connecte directement à la partie postérieure de l'aire cingulaire, celle dont la stimulation déclenche une sensation de bien-être et parfois d'euphorie [49]. Cette croyance en un effet

48. Lemoine P., *Le Mystère du placebo*, Paris, Odile Jacob, 1996.

49. Wager T. D., Rilling J. K., Smith E. E., Sokolok A., Casey K. L., Davidson R. J., Kosslyn S. M., Rose R. M., Cohen J. D., « Placebo : induced changes in MRI in the anticipation and experience of pain », *Science*, vol. 303, 20 février 2004.

médicamenteux ou en une protection surnaturelle n'est pas suffisante quand la douleur est extrême ou quand le sujet n'adhère pas à la suggestion, mais elle parvient souvent à modifier l'intensité de la souffrance, parfois même de manière spectaculaire.

Un éclat de rire désespéré

Il n'est pas rare, dans la vie quotidienne, d'observer une réaction paradoxale lors d'un enterrement ou après une mauvaise nouvelle. La personne, authentiquement malheureuse, lutte de toutes ses forces contre l'expression de sa souffrance. Elle stimule ainsi, sans le vouloir, l'oxymore neuronal, l'aire préfrontale, socle neurologique de l'anticipation connectée à la partie postérieure de l'aire cingulaire *, socle des sensations euphoriques. On peut voir alors un membre d'une famille endeuillée, profondément malheureux, pouffer de rire au cimetière ou exprimer une joie dont il a honte mais qu'il ne peut empêcher.

Un étudiant en médecine, un jour de garde à l'hôpital, a aidé le chirurgien à opérer en urgence un grand garçon de quinze ans qui s'était tiré un coup de fusil dans le ventre. À l'ouverture de l'abdomen, il a bien fallu constater que le foie et la rate, complètement déchiquetés, baignaient dans une bouillie de chair et de sang. Le garçon est mort sur la table d'opération. À la sortie du bloc opératoire, la famille qui attendait sur un banc s'est brusquement levée, comme pour le départ d'une course. L'étudiant bouleversé a éclaté de rire et a dû s'enfuir pour se cacher, honteux de cette réaction qu'il n'avait pu contrôler. Le lendemain, en cherchant à comprendre ce qui lui était arrivé, il a expliqué que pendant toute son enfance il avait dû lutter contre le malheur quotidien qui régnait dans sa famille. Pour limiter la souffrance, il s'était réfugié dans une recherche constante d'humour, de poésie et de beauté qui lui avait permis de circonscrire le malheur. On peut imaginer que, chaque fois que dans son enfance il avait perçu une information triste, il s'était entraîné à la combattre par l'humour et la poésie, ce qui avait stimulé les neurones de la partie postérieure de l'aire cingulaire déclencheurs de sensations euphoriques. Ce circuitage neurologique, frayé par un mécanisme de défense psychologique contre l'angoisse, avait tracé dans son cerveau une mémoire qui facilitait les réponses euphoriques à chaque situation de malheur. Les membres de la famille du jeune suicidé, en bondissant tous ensemble vers l'étudiant bouleversé, avaient stimulé cette trace qui provoquait une euphorie paradoxale.

L'existence de l'oxymore neuronal confirme que les contraintes génétiques sont pétries par les interactions précoces. Un bébé génétiquement sain acquiert, sous l'effet des pressions du milieu, une tendance à aiguiller les informations, préférentiellement vers une zone cérébrale qui provoque une sensation de souffrance, ou vers la zone voisine qui répond par une sensation euphorique. L'aiguillage est aisé parce que ces deux sentiments, apparemment opposés, sont en fait circuités par des voies neuronales très proches.

L'histoire donne sens à l'empathie

Que, dans un organisme, soit tracées très tôt des réponses préférentielles de tristesse ou de gaieté n'exclut pas les significations psychologiques. Les faits se chargent d'un sens venu de notre histoire. Quand la femme de mes rêves sourit d'un air pincé, je sais qu'elle est en colère et qu'elle veut le cacher. Les autres, autour de nous, n'ont pas la familiarité qui me permet de savoir qu'elle ne sourit ainsi que lorsqu'elle se sent mal. Ils croient qu'elle est gaie, alors que je sais qu'elle est triste, son malaise me crispe parce que je ne peux pas être heureux quand elle est malheureuse. Si l'on pouvait regarder son cerveau en train de fonctionner quand elle sourit ainsi, on verrait probablement ses deux pôles temporaux s'allumer pour déclencher la contraction des muscles de la commissure des lèvres, mais on découvrirait en même temps la connexion instantanée avec la bandelette inférieure des lobes frontaux aiguillant la stimulation vers l'aire cingulaire antérieure qui déclenche une sensation de malaise. Moi qui la connais par cœur, je n'ai pas besoin de voir son scanner pour savoir qu'elle est irritée. Un minuscule indice comportemental aperçu sur ses lèvres suffit à me rendre mal parce qu'elle est mal.

Supposons maintenant qu'à cause de mon histoire j'aie acquis dans l'enfance la peur des femmes : je ne me sens fort que lorsqu'elle est faible. Sa fragilité me rassure et provoque en moi une réaction de gentillesse que tout le monde admire. Quand elle va mal, je me sens tendre et désireux de l'entourer puisque je n'ai plus peur d'elle. Nous fonctionnons ensemble préverbalement, et c'est pourtant notre histoire qui, attribuant à un fait des significations différentes, harmonise nos cerveaux et nos sentiments dans un contrepoint empathique. Dans la plupart des couples, le bonheur de l'un euphorise l'autre. Mais il n'est pas rare qu'à cause de son histoire un homme soit rassuré par une femme faible qui ne l'intimide plus, ou qu'une femme effrayée par les hommes trop affirmés éprouve de la tendresse pour un prince charmant vulnérable.

L'empathie préverbale constitue probablement le point de départ d'un style relationnel. Pour défendre cette idée, il a suffi d'organiser expérimentalement une sorte de jeu de Monopoly : un compère a pour consigne de tricher ostensiblement afin de crisper ses partenaires et de provoquer un sentiment d'injustice quand il gagne. Après la partie, on demande à un autre joueur de passer une résonance magnétique. Puis on fait asseoir le tricheur et un joueur honnête de chaque côté de la personne dont on examine le fonctionnement cérébral. Quand l'expérimentateur envoie un petit choc électrique sur le dos de la main du partenaire honnête, l'aire cingulaire antérieure de la personne observée prend la couleur rouge des fortes combustions, prouvant ainsi qu'elle prend sa part empathique de la douleur de l'autre. Mais, quand on inflige le même choc sur la main du tricheur, le cerveau de la personne observée garde sa couleur bleue de repos cérébral, révélant qu'elle reste indifférente à la souffrance du mauvais joueur. Les hommes manifesteraient, plus que les femmes, un tel arrêt de l'empathie pour un compère qui ne joue pas le jeu [50].

La proximité affective qui augmente l'empathie s'imprègne dans la mémoire au gré des rencontres quotidiennes où se tisse l'attachement. On peut même penser que chaque culture produit des récits placebos ou nocebos dans lesquels baignent les individus. Ils éprouvent ainsi des sentiments d'euphorie ou d'accablement induits par ce qui est raconté bien plus que par ce qui est réel. Les idéologies extrêmes utilisent l'effet placebo ou nocebo des récits pour manipuler nos sentiments. L'angélisme s'oppose au diabolisme, les lendemains qui chantent engendrent un merveilleux émoi qui contraste avec les discours sombres des passéistes. « La forme mythique prime le contenu du récit [51] », la manière de dire façonne la manière dont autrui éprouve le monde qu'on lui présente. Et si par bonheur nous croyons à un même récit, il plantera en nous une sensation de même famille, nous allons nous sentir « frères », nous comprendre et nous aimer. « L'imitation... qui met l'accent sur les aspects grégaires de l'humanité [52] » nous permet d'exister ensemble et de partager un même monde de mots et d'émotions.

La verbalité n'est pas un monde parallèle. Entre le réel et sa représentation, le cerveau est le trait d'union qui explique comment l'empathie nous permet de vivre ensemble pour le meilleur et pour le pire.

50. Singer T., Seymour B., O'Doherty J. P., Klass E. S., Dolan R. J., Frith C. D., « Empathic neural responses are modulated by the perceived fairness of others », *Nature*, vol. 439, 26 janvier 2006, p. 466-469. (Article signalé par Pierre Vassaly, Genève.)

51. Lévi-Strauss C., *Anthropologie structurale*, Paris, Plon, 1958, cité *in* Barus-Michel J., *Souffrance, sens et croyance*, Ramonville-Saint-Agne, Érès, 2004, p. 75.

52. Girard R., *Des choses cachées depuis la fondation du monde*, Paris, Grasset, 1978, p. 15-16.

V

MARIAGE DE L'HISTOIRE ET DU CERVEAU ÂGÉ

Vieillesse animale

Quand je suis arrivé sur terre, un peu avant la Seconde Guerre mondiale, le monde était peuplé de vieux, de « grandes personnes », comme on disait. Or, ces dernières années, j'ai constaté qu'il était peuplé de jeunes qui me prennent pour leur grand-père ! C'est évident, vous pouvez vérifier. Je ne comprends pas comment on ose dire que la population vieillit.

Deux ou trois rêves réalisés et quelques autres fracassés, je garde l'espérance et travaille à mes projets. Autour de moi, les gens sont de plus en plus âgés, mais vieux de plus en plus tard. Je me demande comment ils se sont arrangés avec l'inévitable vieillissement biologique qui commence dès la jeunesse et l'incontournable récit qui dit ce que sont les anciens. Le déclin, le crépuscule des vieux dont on parle en Occident n'a aucun sens en Orient où la représentation d'un temps cyclique prépare à la renaissance et non pas au naufrage. Peut-être pourrions-nous considérer le vieillissement comme un processus précoce qui n'a rien de pathologique [1] ?

La notion de plasticité cérébrale nous apprend que l'âge optimise ce qu'il a déjà appris et compense en sélectionnant les activités où il réalise encore de bonnes performances. Il faut donc distinguer le vieillissement sain et les pathologies associées, biologiques, psychologiques et culturelles.

Les modèles animaux nous aident à penser, mais ne sont pas systématiquement transposables à l'homme. Alors que, chez les souris, le vaccin anti-Alzheimer est totalement protecteur, il donne chez les humains des encéphalopathies mortelles. Le microcèbe est un tout petit singe lémurien de Madagascar qui mesure douze centimètres, pèse quatre-vingts grammes et meurt à trois ou quatre ans. En captivité, il peut vivre douze ans, offrant ainsi un modèle pour les troubles cérébraux qui apparaissent avec l'âge [2].

Certains animaux âgés présentent des lésions neurologiques comparables à celles d'un homme atteint d'Alzheimer, comme les protéines Tau qui s'agglutinent sous forme de filaments en hélice. Il y a aussi, dans les parois des vaisseaux sanguins cérébraux, des dépôts amyloïdes qui finissent par constituer des plaques. La captivité, en multipliant par quatre l'espérance de vie de ces petits singes, fait apparaître une fonte des neurones à la base du

1. Richard J., introduction à A. Lejeune (dir.), *Vieillissement et Résilience. Les interactions tardives*, Marseille, Solal, 2004, p. 17.

2. Joly M., Verdier J.-M., « Le microcèbe : un modèle primate pour l'étude du vieillissement cérébral et des pathologies associées », *in* A. Lejeune (dir.), *op. cit.*, p. 26.

cerveau antérieur [3]. La neuro-imagerie révèle une atrophie de la matière cérébrale. L'altération du circuit limbique se repère grâce à la diminution de l'olfaction qui aboutit à cette zone. La persévérance des erreurs est habituelle, car la mémoire de l'animal est tellement altérée qu'elle ne lui permet plus de corriger ses comportements mal adaptés.

Les chiens nous proposent un autre modèle qui, sans extrapoler, pose quelques questions aux humains. Tous les chiens d'une même portée ne se développent pas de la même manière et réagissent différemment aux inévitables accidents de leur vie de chien. En vieillissant, ils perdent un grand nombre d'habiletés physiques et réduisent leurs activités relationnelles. Dix pour cent des chiens humanisés dépassent l'âge de quinze ans qu'ils n'auraient jamais atteint dans un milieu sans hommes.

Le vieillissement normal se caractérise, comme chez tous les êtres vivants, par un ralentissement moteur et un désintérêt graduel. La diminution de leurs réponses n'est pas une surdité puisqu'ils restent indifférents à la sonnette qui annonce une visite alors qu'ils se redressent d'un bond quand on froisse un papier de gâteau [4]. Ils recherchent moins le contact avec les étrangers et deviennent peureux, ce qui provoque souvent un hyperattachement que les propriétaires ressentent avec bonheur : « Il devient tellement gentil. »

Les troubles mentaux sont de plus en plus fréquents : accès de confusion, désorientation dans l'espace et le

3. Bons N., Jallageas V., Mestre-Frances N., Silhol S., Petter A., Delacourte A., « Microcebus murinus, a convenient laboratory animal model for the study of Alzheimer's disease », *Alzheimer Research*, 1, 1995, p. 83-87.

4. Beata C., Marion M., Marlois N., Massal N., Mauries J.-P., Muller G., « La résilience chez les âgés : pléonasme ou oxymoron ? », *in* A. Lejeune (dir.), *op. cit.*, p. 38.

temps, que le propriétaire interprète comme une fugue, agressivité surprenante, inertie, repli sur soi, mâchonnements, troubles sphinctériens... comme chez les singes et les hommes. Le scanner révèle une fonte cérébrale avec dilatation des ventricules. Mais l'analyse des cellules du cortex montre des lésions biochimiques différentes des maladies d'Alzheimer humaines.

Dans l'ensemble, les chiens âgés qui échappent à ces affections dégénératives sont souvent de petite taille, ont subi moins de traumatismes dans leur existence et moins de ruptures affectives par changement d'adoption. Comme d'habitude, ce qui est vrai pour une population ne l'est pas pour tous les individus de ce groupe. Certains grands chiens, multitraumatisés et ayant vécu dans plusieurs foyers adoptifs, vieillissent très bien, confirmant ainsi que d'autres facteurs biologiques ou affectifs ont exercé une influence protectrice contre cette affection dégénérative.

L'usure des corps. Causes naturelles et culturelles

Le monde mental des chiens est composé de représentations sensorielles, alors que celui des humains est surtout rempli de représentations verbales qui expliquent le destin variable de nos traumatisés. Un trauma peut marquer la vie d'un chien ou s'effacer, selon la convergence de facteurs de protection biologiques et environnementaux. Un homme, lui, en surmontant ses blessures et en provoquant le regard admiratif de ceux qui l'entourent, peut éprouver le plaisir de la victoire et modifier l'idée qu'il se fait de ce qui lui est arrivé. On voit alors des gens gravement blessés sur le coup parvenir dans l'après-coup à faire une expérience constructive de cette souffrance passée [5], un travail de résilience. Les anciens combattants de la Seconde Guerre mondiale qui ont pu utiliser leurs souffrances afin d'en faire un travail de réflexion et d'engagement social ont été moins tourmentés par des syndromes psychotraumatiques et ont fini par organiser une vieillesse heureuse [6]. Dans le réel, leurs souffrances ont été immenses, mais, dans la représentation de ce réel, avec le recul du temps et la recherche d'un sens à partager, le malheur qu'ils ressentaient a évolué vers un bonheur, malgré tout. Puisque le décalage modifie les représentations, on pourrait tenter une philosophie du temps chez l'âgé en associant la biologie de la mémoire avec les représentations anthropologiques.

Les lois physiques s'émoussent puisque le réel s'use [7], la vie biologique se débat contre la mort, et, curieusement, c'est la vie psychique qui se maintient le plus longtemps et s'oppose à la disparition grâce aux représentations transmises à travers les siècles ou les millénaires. Quand les individus physiques meurent, l'idée que nous en gardons persiste longtemps en nous. Quand mourir est au cœur du vivant, l'attachement que nous ressentons pour les disparus initie d'autres formes de vie intimes et collectives.

5. Affleck G., Tennen H., « Constructing benefits from adversity : adaptational significance and dispositional underpinnings », *Journal of Personality*, 64, 1996, p. 899-922.

6. Aldwin C. M., Levenson M. R., Spiro A., « Vulnerability and resilience to combat exposure : can stress have lifelong effects ? », *Psychology and Aging*, 9, 1994, p. 33-44.

7. Klein E., « La physique du temps et du devenir », *in Penser le temps pour lire la vieillesse*, Fondation Eisai, Paris, PUF, 2006.

Le plus sûr moyen de vivre longtemps, c'est de choisir des parents qui ont vécu longtemps. Si vous étiez séquoia ou olivier, vous pourriez compter sur une existence de plusieurs milliers d'années. Si vous étiez tortue ou perroquet, vous devriez vous contenter de quelques siècles de vie. Puisque vous êtes baleine, corbeau ou être humain, vous ne pouvez espérer qu'un petit siècle au monde. C'est mieux que les souris ou les singes écureuils qui ne dépassent pas trois ans ou que les mouches qui ne volent que trois jours. La mort est génétiquement déterminée [8], ce qui ne veut pas dire que ce soit un destin inexorable puisque la biologie ne tient pas toujours ses promesses. Quand la technologie et les droits de l'homme modifient l'écologie et la manière de vivre, la mort n'arrive pas au jour prévu. Jusqu'au XIXe siècle, les femmes mouraient très jeunes, et un enfant sur deux s'éteignait dans la première année, comme l'atteste la datation de l'âge des squelettes dans les sépultures. Seuls les aristocrates et quelques grands bourgeois, soit 2 % de la population, dépassaient les quatre-vingts ans que nous atteignons aujourd'hui.

Au XXIe siècle, les pauvres mourront plus tôt que les riches, les bons élèves donneront de bons petits vieux, et 50 % des filles nées en l'an 2000 deviendront centenaires. L'apoptose [9], la chute des feuilles à l'automne, l'autodestruction des cellules usées, malgré son déterminant génétique, varie selon le milieu écologique et social. Parfois, l'apoptose se dérègle, et les cellules exécutent en vingt ans le nombre de divisions cellulaires prévues pour cent

8. Nothias J.-L., « Y a-t-il une limite à la durée de la vie humaine ? », *Le Monde*, 13 octobre 2005, et Institut de la longévité et du vieillissement Émile-Beaulieu.

9. Indice de Hayflick, nombre de divisions cellulaires qu'un organisme ne peut pas dépasser, mais qu'il peut dépenser vite ou lentement : 100 divisions pour une tortue, 50 pour un homme, 25 pour un poulet.

ans, comme dans le syndrome de Werner où les enfants deviennent des petits vieux dès l'âge de dix ans. Le plus souvent, c'est la modification de l'écologie et la manière de vivre au quotidien qui usent les organismes ou préservent le capital biologique.

La mort a donc une valeur créatrice puisque la périodicité qui élimine les individus, les groupes et les espèces donne une chance à d'autres manières de vivre. Sans la mort, le monde vivant serait vieux et usé [10]. Grâce à la mort cellulaire, une partie du corps des vieux reste jeune, grâce à l'usure, certains éléments du corps social font place à la jeunesse, et la disparition des espèces permet l'épanouissement d'autres êtres vivants.

Quand la rencontre sexuelle invente des individus génétiquement nouveaux, ce sont les lois sociales qui facilitent leur épanouissement ou leur entrave [11]. En deux générations, grâce à la technologie, l'espérance de vie des hommes a été fortement augmentée, et celle des femmes a explosé. Mais la manière de vivre avant soixante-cinq ans participe à la détermination de ce nouvel espoir puisque les ouvriers profitent peu de leur retraite alors que les enseignants en bénéficient davantage [12]. La mondialisation de la vieillesse explique, en Occident, le déplacement du pouvoir politique et économique vers les anciens. Peut-être même les modifications culturelles récentes qui se caractérisent par l'explosion de la mémoire historique, les récits des guerres du XXe siècle et des conditions d'exis-

10. Bonis L. de, *Évolution et extinction dans le règne animal*, Paris, Masson, 1991, p. 164-187.

11. Susanne C., Rebato E., Chiarelli B. (eds), *Anthropologie biologique. Évolution et biologie humaine*, Bruxelles, De Boeck, 2003.

12. Source OCDE (Organisation de coopération et de développement économique).

tence des générations passées viennent-elles donner sens à la vie psychique des personnes âgées ?

La mémoire longue des âgés

La neurologie permet d'imaginer ce que serait la condition humaine d'un homme dépourvu de sens. Les trois mille lobotomies réalisées chaque année en France à cause des accidents de voiture et de moto, les cent mille atrophies fronto-temporales que l'on confond souvent avec des maladies d'Alzheimer démontrent sans peine comment l'incapacité neurologique à anticiper modifie les comportements empathiques. Un lobotomisé urine devant tout le monde parce qu'il répond à la stimulation immédiate de sa vessie sans être gêné par l'embarras que son urination va provoquer plus tard dans le monde mental des autres. Les comportements de conversation des démences fronto-temporales provoquent un malaise puisque ceux qui en sont atteints soutiennent le regard de manière indécente en ne répondant qu'à leur intérêt immédiat sans se soucier de l'effet qu'ils vont produire, comme le font les bébés qui n'ont pas encore accès à l'empathie. Les aphasiques, eux, peuvent planifier une conduite, aller chercher un outil pour jardiner, se soucier de la réaction de l'autre, mais ne peuvent plus le dire. C'est bien l'incapacité à se représenter le temps et non pas le manque du mot qui arrête l'empathie.

On construit l'idée qu'on se fait de soi, on donne forme à son passé avec des souvenirs précis ou recomposés, parfois avec de faux souvenirs qui nous permettent de gouverner notre avenir puisque nous connaissons nos habitudes passées. Nous ne pouvons faire ce travail que si notre lobe préfrontal de l'anticipation reste connecté au circuit limbique de la mémoire et que si notre entourage dispose autour de nous quelques figures marquantes et des événements sociaux pour jalonner notre mémoire intime.

La mémoire de travail, celle qui transforme les événements récents en souvenirs, diminue à partir de l'âge de soixante ans. Il devient difficile de répéter une série de dix chiffres ou de noms choisis au hasard. La mémoire des récits, elle, s'améliore avec l'âge. On a même tendance à croire que ces histoires sont édifiantes et preuves de sagesse alors qu'il s'agit simplement de l'aboutissement d'une stratégie d'existence mille fois révisée, mille fois répétée qui procure à l'âgé une certitude ressassée.

À l'opposé, les anciens qui veulent encore réaliser un rêve ou terminer un projet vivent dans l'anticipation. Ils désirent peindre, rencontrer, comprendre et s'engager dans des actions humaines. Leurs récits restent ouverts sur l'avenir, éveillant encore un espoir et créant un sentiment de familiarité tranquillisante [13].

Les récits des âgés alternent entre le donneur de leçons et le créatif à la recherche d'événements. Dans les deux cas, les narrations opposées préservent leur identité. Même dans la restriction temporelle des démences où le malade ne peut plus anticiper ni aller chercher des souvenirs, quelques bribes résurgentes maintiennent la structure d'un moi squelettique : « Il arrête ses phrases brusquement au cours d'un récit, comme il arrête ses

13. Clarys D., « Mémoire épisodique et vieillissement », *Le Journal des psychologues*, 183, décembre-janvier 2001, p. 76-77.

comportements quand il va chercher quelque chose et qu'il oublie ce qu'il va chercher », me disait madame Des... « Il se sent mieux dès qu'un souvenir resurgit. Il répète souvent : “ Je suis arrivé à Bizerte avec toute ma famille, et mon commandant m'a dit ‘ Je ne vous ai pas réclamé’. ” Alors il sourit et je vois qu'il est apaisé. »

Il arrive qu'on fasse un récit dont on a oublié la source. On ne sait pas pourquoi on raconte si souvent un film romantique qui nous émeut encore. On a oublié qu'on est allé le voir avec notre première petite amie quand on avait quinze ans. Une perception banale déclenche une évocation personnelle. Une chanson ancienne, une paire de pantoufles usées, un tableau décoloré provoquent une réminiscence visuelle. Comme pour le goût de la madeleine de Proust, une image évoque un scénario passé.

Moments privilégiés de nos réminiscences

Mais, chez les âgés, il y a toujours un « pic de réminiscences [14] », un moment de sa biographie plus facilement évoqué : les événements survenus entre dix et trente ans constituent la colonne vertébrale de notre identité. Quarante ou cinquante ans plus tard, nous relions préférentiellement les objets et les événements que nous percevons avec cette période sensible de notre jeunesse où l'affectif et le social s'apprêtaient à donner sens à toute l'aventure de notre existence.

14. Fitzgerald J. M., « Vivid memories and the reminiscence phenomenon : the role of a self narrative », *Human Development*, 31, 1998, p. 261-273.

Les exercices physiques, les plaisirs intellectuels et les relations affectives ont un effet protecteur de nos neurones. Ce qui explique pourquoi on a dit longtemps que les petits génies faisaient de bons vieux. En fait, ce n'est pas l'importance de leur quotient intellectuel qui protège leurs neurones, c'est la manière de vivre qui en est la conséquence. La socialisation que permet aujourd'hui l'école leur a donné des responsabilités, les a entraînés à lire, à réfléchir, à voyager et à rencontrer, stimulant sans cesse leur cerveau. Ce style d'existence les a protégés du vieillissement morbide. Les bons petits élèves que notre société chouchoute auront, quand ils seront vieux, moins d'atrophie cérébrale que la population générale [15].

À l'inverse, les ruptures affectives précoces, en orientant vers une existence difficile, induisent « un travail de deuil non élaboré qui entraînerait la production d'amyloïdes et la perte cellulaire dans des zones comme l'hippocampe, faisant ainsi le lit de la démence [16] ». Dans ce genre de raisonnement qui associe la clinique médicale avec la psychologie du quotidien et la biologie fondamentale, c'est une cascade de causes à la fois destructrices et protectrices qui nous oriente vers la démence ou nous en éloigne. Ce qui protège le mieux nos fonctions cognitives, c'est l'hygiène de vie : les exercices physiques, les efforts intellectuels, le réseau affectif familial et amical, les petits stress qui nous éveillent et les vacances qui nous engourdissent créent des alternances qui

15. Coffey C., Saxton J., Ratcliff G., Bryan R., Lucke J., « Relation of education to brain size in normal aging implications for the reserve hypothesis », *Neurology*, 53, 1999, p. 189-196.

16. Gualdo-Magaud N., « La maladie d'Alzheimer. Questions sur la recherche illustrées par le programme ABORD (Alzheimer banque d'observation de recherches et de données), thèse de médecine, Lyon-I, 2001, p 171.

empêchent la routine et donnent la sensation de vivre. Le sport de bas niveau, le mariage, l'amitié et les désaccords intellectuels sont nos meilleurs médicaments. L'hérédité et les traumatismes ont un faible effet sur les vieillissements morbides [17]. Alors que le tabagisme, la sédentarité le surpoids, le sous-poids et surtout l'isolement affectif et intellectuel constituent les risques majeurs d'une vieillesse difficile

L'attachement qui organise notre manière d'aimer et de nous socialiser est au cœur de la vieillesse, comme il a été le pivot des petites années. L'empreinte affective a inscrit dans notre mémoire le goût que l'on donne au monde. Quand notre enveloppe affective nous a sécurisés lors des interactions précoces, le goût du monde est léger, agréable et parfumé. Mais, quand quelque chose a souffert en nous ou autour de nous, c'est un goût d'amertume que prend souvent la vie. Cette tendance n'est pas une fatalité puisque les empreintes sont des apprentissages cognitifs qui évoluent comme toutes les mémoires en s'effaçant ou en se renforçant. Or il y a des moments de l'existence où l'attachement est particulièrement malléable. Au cours des petites années, les imprégnations sont fulgurantes, tous les neurones envoient des prolongements synaptiques dans tous les sens à toute allure. Chaque rencontre possède un pouvoir façonnant. Puis l'organisme se calme, et, quand le milieu est stable, l'enfant établit ses relations en employant le style affectif qu'il a appris non consciemment. L'adolescence constitue une nouvelle période sensible puisque le flux hormonal et les premières amours avivent les neu-

17. Vaillant G. E., « The association of ancestral longevity with successful aging », *Journal of Gerontology, Psychological Sciences*, 46, 1991, p. 292-298.

rones, motivant de nouveaux apprentissages [18]. La testostérone explose chez le garçon où elle est multipliée par dix-huit en quelques semaines, alors que chez la fille l'œstradiol augmente doucement en une ou deux années [19]. Les traumatismes, les inévitables épreuves et bouleversements de la vie influent sur les empreintes avec des effets qui varient selon le sexe, l'âge, la réceptivité biologique et la signification des événements. À chaque transaction, le goût du monde change et modifie notre manière de nous y engager.

Le grand âge constitue une dernière période sensible. Le vieillissement neuronal contraint l'âgé à passer une transaction contradictoire : son identité narrative, mille fois révisée, lui donne des certitudes historiques au moment où le monde autour de lui change. Il se sent plus stable que jamais et, pourtant, il éprouve son entourage comme une étrange nouveauté. Les interactions tardives [20] doivent négocier avec ces données. L'enfant éprouve le monde comme une évidence, enchantée, alors que pour le vieux il devient mal connu, à un âge où les aventures exploratoires ne le tentent plus.

Nouvelles manières d'aimer

La constellation affective change elle aussi avec le temps. Les parents de l'âgé sont morts, le compagnon n'est plus sexuel, les vieux amis s'éteignent, les nouvelles ren-

18. Bee H., Boyd D., *op. cit.*, p. 238.
19. Biro F. M., Lucky A. W., Huster G. A., Morrisson J. A., « Pubertal staging in boys », *Journal of Pediatrics*, 127, 1995, p. 100-102.
20. Lejeune A. (dir.), *op. cit.*

contres deviennent difficiles, et les enfants, emportés par l'existence, restent attachés à leurs vieux parents, mais de loin. Le monde affectif qui entoure les âgés s'appauvrit, mais, comme le récit de soi est gravé dans leur mémoire, les anciennes figures d'attachement internalisées, médiatisées par des objets et des symboles, évoquent sans cesse au fond d'eux-mêmes l'aimé absent. Ils peuvent maintenir un lien affectif fort avec une figure absente simplement rappelée par une photo, une lettre ou un petit objet.

Le pouvoir symbolique est si puissant que la babiole en est transfigurée. Quand on est seul dans la vie, abandonné par tous dans un monde inconnu, on peut se rapprocher de Dieu, se rendre dans un lieu de prière en espérant le rencontrer, percevoir les objets ou les symboles qui évoquent sa présence et participer à des rites d'interaction avec Lui. La prière, les postures, les rites, les chapelets, les chants, l'encens matérialisent l'interaction divine. Ces objets symboliques sont mis là pour évoquer celui qu'on ne peut percevoir et qui pourtant fait naître en nous un sentiment de protection et de sécurité, comme le faisait notre mère soixante ans auparavant.

L'âgé répond à une représentation sécurisante internalisée, imprégnée dans sa mémoire. Cela explique pourquoi les vieux qui retournent à Dieu sont plus souvent ceux qui l'avaient fréquenté quand ils étaient enfants [21]. Même ceux qui n'ont jamais connu Dieu et qui le rencontrent dans le grand âge éprouvent l'euphorie des retrouvailles. Le psychisme a horreur du vide, alors, quand une personne âgée cherche à se représenter l'après-mort, elle éprouve

21. Granquist P., Hagekull B., « Religiousness and perceived childhood attachment : profiling socialized correspondence and emotional compensation », *Journal of the Scientific Study of Religion*, 38, 1999, p. 254-273

une sorte de vertige au bord du gouffre et se sent apaisée dès qu'elle y place Dieu.

Le retour à Dieu symbolise les retrouvailles qui permettaient de surmonter l'angoisse de la séparation. Ce n'est pas la peur de la mort qui est dominée, c'est le chagrin de la perte d'un homme encore vivant. Le contact sécurisant avec Dieu n'est plus physique, comme il l'était avec la mère, il est symbolique puisqu'il nécessite la présence d'objets de culte, de lieux de prière et de rites interactifs qui évoquent le Tout-Puissant en le représentant. Avant la parole, le bébé était sécurisé par une perception, un bruit familier, une odeur, une caresse, mais, dès que l'enfant a commencé à parler, il a habité un monde de représentations et est devenu capable de se sécuriser simplement en évoquant la figure d'attachement absente : « Maman va revenir... Papa va tuer les méchants... » Désormais, le moindre indice évoquait l'absent et apaisait le chagrin du petit. Or le monde sensoriel qui entoure l'âgé s'appauvrit tandis que son monde intime de représentations s'enrichit. Il n'est plus nécessaire que la figure d'attachement soit présente puisqu'elle est internalisée : un rien l'évoque et provoque un apaisement. L'âgé ne retombe jamais en enfance [22]. Dieu, en tant que base de sécurité internalisée, devient un partenaire de l'existence quotidienne. On croit qu'il parle d'une vie ailleurs, après la mort, alors qu'il partage notre quotidien, sécurise, dynamise, donne sens et organise notre style relationnel. On s'attache à Lui, comme on s'attache dans la vie, de manière confiante et enjouée, parfois rigide, ambivalente, voire apeurée.

22. Cyrulnik B., Delage M., Lejeune A., *Résilience et mémoire les interactions tardives* (à paraître, Marseille, Solal, 2006).

Certains pensent que nos manières d'aimer changent au cours du cycle de la vie. Ils constatent une importante diminution de l'attachement sécure qui passe de 66 % dans la population générale à 33 % chez les personnes âgées de soixante-huit ans [23]. Le style préoccupé, soucieux, radoteur ne concerne que 3 % des gens de cette population, tandis que l'attachement craintif où les âgés sont soumis et intimidés par ceux qui les sécurisent monte à 12 %. La plus nette modification concerne l'attachement distant qui passe à 52 % alors qu'il n'est que de 15 % dans la population générale.

D'autres ont fait la moyenne des études comparatives entre tranches d'âge de vingt à quatre-vingt-huit ans et ont constaté une évolution plutôt modérée. Les sécures dominent encore (51 % à quatre-vingts ans, contre 66 % à vingt ans), tandis que les évitants augmentent nettement (40 % à quatre-vingts ans, contre 16 % à vingt ans) [24].

Tout le monde est d'accord pour dire que les attachements anxieux, ambivalents, désorganisés ou confus ont pratiquement disparu. L'attachement âgé se caractérise donc par la diminution des sécures qui gardent une petite majorité et par l'augmentation des distants. Peut-être les âgés sont-ils moins anxieux parce qu'ils tentent moins d'explorations et de projets extrêmes, ils ont même tendance à se cantonner dans les activités où ils excellent et dans les lieux qu'ils connaissent, renforçant ainsi leur base de sécurité intime. Est-ce là ce qu'on appelle sagesse ? Ils n'ont plus la possibilité biologique de recevoir

23. Webster J. D., « Attachment style well-being in elderly adults : a preliminary investigation », *Canadian Journal of Aging*, 16, 1997, p. 101-111.

24. Magai C., Hunziker J., Mesias W., Culver C., « Adult attachment and emotional biases », *International Journal of Behavioral Development*, 24, 2000, p. 301-309.

de nouvelles empreintes puisque leur synaptisation est ralentie. Mais ils peuvent mieux organiser l'existence qui leur convient, retrouver les amis d'enfance imprégnés dans leur mémoire, reprendre avec eux la conversation interrompue il y a soixante ans et se laisser distraire par des amis occasionnels auxquels ils s'attachent peu.

Dieu et l'attachement

L'évolution de l'attachement dépend fortement des cultures. Certaines sécurisent les âgés, alors que d'autres augmentent leurs attachements distants à force de les blesser. L'indifférence devient un facteur de protection quand on a subi une cascade de traumatismes, quand on est rejeté par la culture, quand la famille explose ou quand les aides sociales diminuent. Les Afro-Américains évoluent plus souvent vers l'attachement distant, une sorte d'indifférence affective (83 %), que les Blancs de la même culture (40 %). Or ceux qui se détachent des hommes parce qu'ils sont usés par la misère, blessés par les rejets et humiliés par les préjugés se détachent aussi de Dieu. Quand les âgés sont entourés par une constellation affective, ils gardent en eux la force et le plaisir de croire gaiement en Dieu [25].

Dans l'ensemble, les âgés sont plus religieux que les jeunes [26] : 50 % d'entre eux enrichissent leur foi, alors que 8 % la perdent. Les égarés de Dieu se recrutent plutôt chez

25. Cicirelli V. G., « God and the ultimate attachment figure for older adults », *Attachment and Human Development*, vol. 6, n° 4, décembre 2004, p. 371-388.
26. Wink P., Dillon M., « Spiritual development across the life course : findings from a longitudinal study », *Journal of Adult Development*, 9, 2002, p. 79-94.

les mélancoliques, les abandonnés et les grands blessés de la vie. Il faut de la force pour croire en Dieu, et, pour se sentir fort, il faut être entouré ! Que le point de départ s'enracine dans une carence en neuromédiateurs comme dans la mélancolie, ou que ce déficit neurobiologique soit dû à un isolement affectif ou à un abandon social, le blessé de l'âme n'a parfois plus la force de s'attacher à Dieu.

L'âge, le sexe, la culture et le style d'attachement se conjuguent pour donner au croyant sa manière d'aimer Dieu. Les femmes l'aiment plus que les hommes, la couleur de la peau joue un rôle moins grand que la culture qui encourage ou décourage la foi. La persécution est un bon moyen de renforcer la croyance puisqu'elle oblige les opprimés à se solidariser et à se replier sur leurs représentations partagées d'un Dieu apaisant et protecteur. On s'attache mieux à ceux qui affrontent le même ennemi que nous.

Elle avait seize ans, elle flottait dans une vie morne et dépourvue de sens. Un après-midi où elle souffrait d'ennui en se faisant croire qu'elle préparait le bac, elle s'est affalée sur le lit et comptait y demeurer flasque et vide. Elle a vaguement ressenti une impression curieuse, un mélange d'angoisse et d'euphorie, comme lorsqu'on est emporté par la vitesse et que l'on éprouve en même temps la peur et la jouissance. Soudain, comme dans un vertige, Dieu est entré en elle !

Il n'est pas rare que des adultes rencontrent Dieu après une période douloureuse. La soudaineté du passage de l'angoisse à l'extase leur donne une sensation d'illumination intérieure qu'ils appellent « révélation ». Les divines consolations surviennent souvent après d'intenses douleurs psychiques [27]. Et si, chez les âgés, l'extase est plus douce, c'est parce que, biologiquement, leurs émotions ne peuvent plus être violentes et qu'ils expriment plutôt des attachements légers ou évitants.

L'attachement à Dieu permet de réfléchir au sentiment religieux en tant qu'expérience émotionnelle. Il ne s'agit pas d'apporter des preuves de son existence, ni de confirmer un dogme. Il s'agit simplement de comprendre l'effet affectif de Dieu, comme une « ferveur personnelle, une illumination intime [28] », bien plus que comme une réflexion sur la religion. Et si globalement les croyants se sentent mieux que les non-croyants, c'est parce qu'ils maintiennent au fond d'eux-mêmes une base de sécurité. Le fait de rencontrer régulièrement des gens qui partagent la même croyance, des « frères » qui viennent adorer le même « père », dans les mêmes lieux, avec les mêmes rituels, structure l'enveloppe affective qui soutient les âgés.

Toutes les religions parlent de nos origines et de notre mort, de notre histoire avant notre naissance et après notre disparition, créant ainsi une représentation dilatée du temps qui correspond à celle des âgés et donne sens à leur vie. Mais cet attachement à Dieu n'a pas que des effets bénéfiques. L'enveloppe affective nécessaire au soutien peut se transformer en dictature du peuple croyant. Celui qui ne croit pas comme il convient sera traité de mécréant, celui qui ne se soumet pas au dogme deviendra blasphématoire. Il provoque un scandale qui mérite la

27. Janet P., *De l'angoisse à l'extase*, Paris, Félix Alcan, 1926, réédité en 1975 par la Société Pierre-Janet et CNRS, p. 39-49.

28. Dortier J. F., « La psychologie de la religion. Pourquoi croit-on en Dieu ? », *Sciences humaines*, n° 172, juin 2006, p. 54-57.

mort pour un comportement injurieux qui sera oublié demain.

Si l'angoisse et l'extase sont souvent associées, c'est probablement parce que les zones du cerveau alertées sont voisines dans l'aire cingulaire et qu'une stimulation affective intense diffuse dans l'aire proche et l'allume à son tour. Or les grands mystiques sont de grands torturés qui basculent par bouffées dans l'extase divine [29]. Ils s'isolent comme on le fait quand on souffre et s'accrochent au moindre rite comme à un fétiche porte-bonheur. Ils sont rigides tant ils ont peur de réveiller la souffrance et ressentent le moindre laisser-aller comme une transgression scandaleuse. Ils sont tellement effrayés par ceux qui savent aimer paisiblement qu'ils cherchent à les mettre à mort tout en parlant de l'amour de Dieu auquel ils s'accrochent désespérément.

Dieu et l'amour sublime

Les visionnaires, les comateux et les grands anxieux racontent souvent une extase sublime, une sensation de quitter leur corps, de léviter, de se dilater dans le cosmos. Quand ils redescendent sur terre, après que le couple souffrance-extase se soit calmé, ils font de cette expérience une preuve de leur élection, une révélation qui leur a permis de rejoindre Dieu. Un incroyant aussi peut rencontrer Dieu quand, en s'opposant de toutes ses forces à la souffrance, il éprouve soudain la sensation d'une expan-

29. Argyle M., Hills P., « Religions experiences and their relations with happiness and personality », *The International Journal of Psychology of Religion*, vol. X, 2000.

sion de son âme dans l'univers, le « sentiment océanique » dont parlaient Freud et Romain Rolland [30].

Dans cette approche affective de la croyance en Dieu, il ne s'agit pas d'opposer la science qui dirait la vérité à un Dieu qui ne serait qu'une illusion lénifiante. La science apporte des vérités si brèves qu'elles ne servent en fait qu'à poser de nouvelles questions, et l'attachement à Dieu analyse simplement la manière dont nous l'aimons. Il peut s'agir d'une statue, d'une image, d'un objet, d'un texte ou d'un signe qui représente le non-représentable. La forme perçue qui évoque Dieu prend un effet apaisant, dynamisant et organisateur du Moi comme toute base de sécurité. La traque scientifique de l'existence de Dieu dans le cerveau révèle que l'électroencéphalogramme sécrète plus d'ondes alpha à huit cycles-seconde chez les croyants. Ce témoin bioélectrique de l'attention paisible augmente lors des prières tandis que les indices biologiques du stress disparaissent. Même la neuro-imagerie montre que l'amygdale rhinencéphalique diminue son fonctionnement et entraîne le ralentissement du cortex pariétal *. La technique rend observable ce que les mystiques appellent « plongée intérieure » qui révèle en effet une déconnexion avec le monde extérieur qu'ils ne perçoivent pas tant que dure l'accouplement de la souffrance et de l'extase [31].

Bien sûr, il ne s'agit pas de la localisation cérébrale de Dieu, mais de la preuve neurologique que sa simple représentation apaise les marqueurs biologiques du stress. L'affolement se calme, le sujet malheureux récupère un

30. Freud S., *L'Avenir d'une illusion*, Paris, PUF, 1971.

31. Maton K., « The stress-buffering role of spiritual support : cross-sectional and protective investigations », *Journal for the Scientific Study of Religion*, 28, 1989, p. 310-329.

peu de maîtrise émotionnelle en évoquant sa recherche de protection et sa soumission à une puissante et rassurante base de sécurité intime.

Tout cela explique pourquoi il y a mille façons d'aimer Dieu. On s'attache à Lui comme on se lie à une figure d'attachement, avec la manière d'aimer acquise auparavant. Souvent avec un style aimable et enjoué, on le remercie du miracle de vivre ou de nous avoir redonné le goût du monde qui nous avait quitté. Parfois on l'aime de manière ambivalente : il faut se crisper sur l'amour du bon Dieu afin de ne pas se laisser entraîner par le diable qui nous tente. Il arrive qu'on le supplie avec ferveur de ne pas nous abandonner, comme un noyé s'accroche à sa planche de salut. Cet hyperattachement anxieux nous rend facilement agressif envers ceux qui tentent de nous enlever la planche ou veulent nous faire douter de la qualité de notre foi. Nous avons tant besoin de croire que celui qui nous fait hésiter apparaît comme un agresseur.

Les ferveurs soudaines de l'adolescence se rencontrent le plus souvent dans une population de jeunes femmes qui auparavant avaient tissé avec leur mère un attachement distant (28 % [32]). Un groupe d'enfants au lien paisible, élevés dans des familles religieuses, a été suivi pendant plusieurs années : 1 % seulement d'entre eux ont découvert Dieu dans un coup de foudre. Un groupe d'enfants ambivalent, lui, a reçu la foudre amoureuse divine dans 4 % des cas. Parfois les distants rencontrent Dieu au cours d'une révélation, alors que les sécures continuent à l'aimer tranquillement.

32. Kirkpatrick L. A., Shaver P. R., « Attachment theory and religion : Childhood attachments, religious beliefs and conversion », *Journal of the Scientific Study of Religion*, 29, 1990, p. 315-334.

Cette ferveur constitue un événement psychique considérable, une plaque tournante de l'existence où désormais il y aura un avant et un après. Qu'il s'agisse d'un attachement anxieux ou d'un rebond affectif après quelques années froides, le retour de la chaleur risque de provoquer un sublime morbide, une sorte de clivage : une partie de la personnalité souffre et reste de glace alors que l'autre explose et se met à vibrer en rencontrant la représentation divine qui lui redonne vie. Le corps et le réel sont des lieux de souffrance, tandis que l'âme et ses représentations deviennent un espace paradisiaque. Les soldats dans les tranchées de la Première Guerre mondiale ont souvent illustré cette idée. Alors que le réel leur imposait une torture constante par le froid, la faim, la boue, les rats, l'horreur des cadavres et des morceaux de membres gelés, un grand nombre de jeunes gens terrorisés vivaient en même temps une merveilleuse histoire d'amour avec Dieu [33]. Quand les enfants malades comprennent qu'ils vont mourir, ils tombent souvent amoureux de leurs parents, et leur gentillesse affectueuse face à la mort nous fait admirer leur courage. Quand un corps est torturé par le réel et que l'âme est émerveillée par l'amour de Dieu, la mortification et l'extase forment un couple d'opposés. Après la guerre, quand la vie redevient supportable, le clivage s'estompe dans les mémoires. Ces hommes retrouvent le plaisir du réel et gardent une gratitude envers celui qui les a sauvés. Alors, pour le faire savoir, ils peignent des ex-voto et construisent des cathédrales. La solidarité du

33. Allport G. W., *The Individual and his Religion*, New York, Macmillan, 1950, p. 56.

groupe constitue un facteur d'affection, de sécurité et de renforcement de la croyance.

Quand le sublime devient morbide

Le sublime devient morbide quand certains survivants des tranchées gardent la haine du réel qui les a fait souffrir. Le salut, pour eux, n'existe que dans l'au-delà. Tout ce qui permet de savourer la vie provoque un sentiment de dégoût ou de honte d'être heureux. Jouir dans un corps pourri devient un acte obscène, et accepter le bonheur sur terre conduit à trahir ceux qui sont morts pour nous protéger. Le bonheur est un scandale, et la haine du corps oriente ces hommes vers l'intégrisme où il faut se soumettre à la loi du Sauveur afin de combattre le réel immonde.

Au cours des interactions précoces, la figure d'attachement doit être sensoriellement présente afin de marquer une empreinte sécurisante dans le psychisme en voie de développement de l'enfant. Au cours des interactions tardives, l'âgé se retire progressivement du réel et habite de plus en plus ses représentations de Dieu et celles de ses souvenirs. Au cours des interactions tardives, quand le réel s'estompe et que le monde des souvenirs qui remplit l'espace intime a été pauvre, l'âgé retrouve sa difficulté à s'attacher. Lorsque, à Auschwitz, le réel était indicible et le monde intime vide, il n'y avait plus de base de sécurité hors de soi, ni en soi. Ni hommes ni dieux, le seul soulagement venait de l'espoir de mourir.

Dans un contexte en paix, quand le réel est doux, ceux qui ont connu un attachement sécure et ont acquis dans leur enfance la représentation du dieu de leur culture éprouvent le plaisir et l'étonnement de faire la connaissance du dieu d'un autre groupe. Ils ne renoncent pas au leur, mais, comme tout enfant serein, ils aiment explorer et apprendre le monde des choses et celui des gens, même s'ils sont différents. Alors que ceux qui ont acquis un attachement anxieux ne se sentent bien qu'au contact de leur dieu. Ils ont tendance à lui donner les pleins pouvoirs de façon à en faire un dieu totalitaire. Les dieux extrêmes [34] ne sont pas partageurs. Ils exigent une soumission intégrale afin de sécuriser ceux qui croient en eux.

Quand l'enveloppe affective d'une personne âgée se déchire parce qu'un proche s'éloigne ou meurt, son monde répond encore mieux aux représentations qu'elle a gardées dans sa mémoire. La veuve a beau savoir que son mari n'existe plus dans le réel, elle sent qu'il existe encore dans les représentations qu'elle a gardées de lui. Alors, elle continue à lui parler, à mettre son couvert et à imaginer ses pas quand il rentrait du travail ou sa respiration quand il dormait près d'elle.

Les âgés répondent à leurs représentations bien plus qu'au réel qui les entoure. Ils pensent aux disparus, parlent à leurs photos, défendent leurs intérêts ou leur mémoire, engageant ainsi un processus qui les sécurise et leur permet de vivre dans un monde familier. Le monde n'est plus autour d'eux, il vit en eux, dans leur mémoire. Cette évolution psychobiologique explique le retour de Dieu chez les âgés qui l'ont connu quand ils étaient petits.

34. Mikulinger M., Shaver P. R., « Attachment theory and intergroup bias : evidence that priming the secure base schema attenuates negative reactions to out-groups », *Journal of Personality and Social Psychology*, 81, 2001, p. 97-115.

Renversement des attachements

Un tel remaniement de la mémoire avec l'âge, où l'alentour s'estompe tandis que la narrativité intime se renforce, explique le retour des empreintes et le renversement des attachements. Quand les âgés parlent à leurs disparus pour débattre avec eux d'un problème d'aujourd'hui, comme le font souvent les veuves, on est stupéfait par le pouvoir tranquillisant de ce scénario imaginaire aussi efficace que la plus réussie des séances de psychothérapie [35]. La reviviscence du passé diminue le pouvoir tranquillisant des bases de sécurité externes et augmente celui des représentations inscrites dans la mémoire. Il n'est pas rare, alors, d'entendre des dames âgées appeler « maman » leur propre fille dont elles se sentent la fille. Elles répondent à la représentation qu'elles avaient d'elles-mêmes dans leur enfance et au sentiment de familiarité sécurisante apportée par leur fille, comme le faisait leur propre mère. Ce retour des empreintes tracées biologiquement dans l'inconscient cognitif renverse alors les rôles parentaux et donne aux enfants un pouvoir sécurisant [36] : « Je me sens plus à l'aise quand ma fille est là... je vais demander à mon fils », entend-on souvent quand on demande aux âgés de prendre une décision.

35. Klas D., Silverman P. R., Nickman S. L., *Continuing Bonds. New Understanding of Grief*, Washington D. C., Taylor and Francis, 1999.

36. Steele H., Phibbs E., Woods R. T., « Coherence of mind in daughter caregivers of mothers with dementia : links with their mother's joy and relatedness on reunion in a strange situation », *Attachment and Human Development*, 6 (4), décembre 2004, p. 439-450.

Certains enfants acceptent sans déplaisir ce renversement des rôles, d'autres le fuient avec angoisse, et quelques-uns ne comprennent pas pourquoi ils se sentent obligés de s'occuper de leur mère qui les maltraitait ou du père qui les effrayait. Les enfants parentifiés s'engagent dans cette nouvelle relation en évoquant l'attachement passé : « Je suis fière de m'en occuper... J'ai enfin le père de mes rêves... Pourquoi n'a-t-il pas été toujours aussi gentil ? Je ne veux plus en entendre parler... Trop tard... » sont des phrases fréquentes dans cette nouvelle relation où le renversement des rôles réveille le passé.

Quelle que soit la culture, on retrouve régulièrement la distinction entre attachements imprégnés (parents, époux, fratrie, amis d'enfance) et attachements occasionnels (voisins, clubs, groupes de rencontres[37]). Les rencontres occasionnelles peuvent soutenir ou distraire, mais elles n'ont plus de pouvoir d'apprentissage. Il y avait une corrélation entre l'attachement parental et la manière dont l'enfant se socialisait, mais il n'y a plus de rapport entre l'attachement des petites années et la manière d'aimer du grand âge, ce qui prouve l'évolutivité des empreintes. Au cours d'une existence, nous connaissons des attachements différents dont le mélange nous donne un style affectif caractéristique : dans une même constellation affective[38], nous pouvons tisser un lien insécure avec une mère soucieuse, manifester un attachement sécure avec un père absent, apprendre la haine pour un grand frère et l'ambivalence pour une petite sœur que l'on

37. Magai C., Consedine N. S., « Attachment and aging », *Attachment and Human Development*, 6 (4), décembre 2004, p. 349-351.

38. Baldwin M. W., Keelan J. P. R., Fehr B., Enns V., Koh Ran Garajoo E., « Social-cognitive conceptualization of attachment working models : availability effects », *Journal of Personality and Social Psychology*, 71, 1996, p. 94-109.

admire mais dont la réussite nous écrase. La convergence de ces manières d'aimer s'imprègne dans notre mémoire et évolue au gré des rencontres affectives. Quand une empreinte ne s'est pas modifiée parce que le sujet était psychorigide ou que son milieu n'a pas disposé une constellation affective variée autour de lui, la trace du passé resurgit et fait revenir une souffrance que l'on croyait oubliée.

Des figures qui ont été capitales à un moment de notre vie ont disparu du réel ou de notre mémoire. Certaines étoiles affectives que l'on croyait secondaires deviennent majeures dans d'autres circonstances. L'univers affectif change de forme, et, après soixante-dix ans, la restriction de l'espace et des conquêtes sociales réduit la constellation âgée à cinq ou dix étoiles, quelques-unes imprégnées et d'autres occasionnelles.

Le retour des empreintes explique que, chez l'âgé, la proximité affective des interactions tardives ne se dispose pas de la même manière que les interactions précoces. Un enfant a besoin de proximité physique et sensorielle pour se sécuriser. Il doit toucher sa figure d'attachement, la regarder, se blottir contre elle, la sentir et l'entendre afin de l'incorporer dans les circuits cérébraux de sa mémoire et de ses émotions. Ensuite seulement, il pourra s'en éloigner et l'emporter en lui, dans son monde intime. Les âgés, eux, retrouvent cette empreinte quand ils se représentent leur passé et qu'ils ont internalisé cette figure sécurisante. Depuis des décennies, ils ont pris l'habitude de répondre à sa représentation bien plus qu'à sa perception : « Si mon père me voyait ! » C'est pourquoi ils n'éprouvent souvent aucune difficulté à répondre à Dieu.

Aucun de nos enfants ne croit en Dieu le jour de sa naissance. Lorsqu'il commence à parler et que son langage n'est encore que désignatif, il n'y pense toujours pas. Ce n'est que lorsque son langage devient représentationnel qu'il devient capable de répondre à quelque chose de totalement absent : la mort. Avant l'âge de six ans, le mot « mort » évoque un pays lointain, un ailleurs céleste. Quelques années plus tard, l'enfant se dit que la mort est un ailleurs non représentable puisqu'on ne peut pas en avoir l'expérience dans la vie. On ne peut que l'imaginer comme un vide, un ailleurs, un infini après la vie. Pour ne pas éprouver un vertige anxieux, il faut alors remplir ce néant. L'enfant n'adopte les croyances de ses figures d'attachement que lorsque son empathie s'est bien développée et qu'il est désireux de partager la foi de ceux qu'il aime. C'est ainsi qu'on retrouve le schéma des premiers liens : « Quand le monde que je perçois m'effraie, je me réfugie contre le corps de la personne qui me sécurise », pourrait dire le bébé. Plus tard en vieillissant, il dira : « Quand le monde extérieur m'effraie, je me réfugie dans les représentations de ceux qui me sécurisent encore. » Les âgés peuplent l'infini non représentable par des lieux de prière, des rituels, des cathédrales, des temples, des mosquées, des chants, des mots, des gestes, des vêtements, des attitudes, des objets de culte, des odeurs, quelques notes de musique, des récits, des discussions et des récitations. Tous ces signifiants perçus remplissent le vide infini par des représentants qui évoquent le non-représentable : l'instance toute-puissante qui donne la mort après avoir donné la vie. Ces théâtres mystiques dont les mises en scène diffèrent selon les cultures, expliquent la géographie des croyances, les continents musulmans et les autres chrétiens, les quartiers, les familles où l'on internalise une manière de croire en Dieu qui nous attache à ceux dont nous partageons la croyance. Ils nous offrent une base de sécurité qui lutte contre l'angoisse de la mort en disposant quelques monuments, quelques objets ou mélopées qui évoquent le non-représentable. Cette démarche spirituelle reproduit la procédure du langage qui met dans le réel un signifiant afin d'évoquer un signifié impossible à percevoir.

Mourir n'est pas perdre la vie

Cela permet de comprendre pourquoi la représentation de « mourir » est associée et différenciée de celle de « perdre la vie ». Mourir, c'est anticiper un néant, ce n'est pas souffrir après la vie. Seuls ceux qui aiment Dieu avec ambivalence pensent qu'Il peut les mener en enfer autant qu'au paradis. Ceux-là imaginent l'après-vie comme un terrible inconnu. Mais ceux qui aiment Dieu d'une manière sécure éprouvent le sentiment qu'on ne souffre pas plus après la mort qu'on a souffert avant la vie. C'est un au-delà, voilà tout, difficile à imaginer mais que l'on peut remplir avec des images ou des signes.

Perdre la vie, c'est différent. C'est se séparer de ceux qu'on aime, c'est perdre la maison qu'on a eu tant de mal à gagner, c'est perdre les paysages où l'on a vécu, c'est perdre son histoire comme si elle n'avait jamais eu lieu, c'est disqualifier les bonheurs, les rêves et les souffrances qu'on avait acceptés pour vivre un peu quand même. Tout ça pour rien ? Ça, c'est douloureux !

On aime Dieu comme on aime les hommes quand on le ressent comme une base de sécurité. On aime Dieu mieux qu'on aime les hommes quand ceux-ci nous font souffrir et qu'on établit avec eux des liens distants ou ambivalents. Le plus souvent, c'est un Dieu d'amour qui donne le plaisir d'un lien maternel apaisant et joyeux qui justifierait qu'on prie « Notre Mère qui êtes aux cieux ».

Mais il arrive que cet amour soit morbide. On peut aimer le Tout-Puissant ou le détester quand Il nous fait souffrir ou nous abandonne. L'existence d'Auschwitz est la preuve que Dieu n'existe pas. On se détache alors de Lui, parce que n'ayant plus la force de vivre on n'éprouve plus le plaisir de l'aimer. On peut même parfois l'adorer de manière haineuse quand notre élan pour Lui, coupé du réel, légitime la haine du corps, de la beauté et des plaisirs comme l'ont fait les catholiques de l'Inquisition et aujourd'hui les talibans. Ce sublime morbide où tout ce qui vient d'ici-bas n'est que pourriture invente une condition humaine où la vie est haïssable. Il faut mourir pour Lui et, s'il le faut tuer, afin de gagner le droit de le côtoyer dans un ailleurs invisible. Ce dieu morbide est une arme pour les tyrans qui exigent en son nom que les hommes se soumettent, tuent et se tuent pour un idéal de pureté qu'aucune trace de bonheur ne viendra souiller. Ce dieu tyrannique organise l'agréable solidarité de ceux qui lui obéissent à mort et conduit comme un seul homme son groupe d'adorateurs qui doivent ignorer, mépriser et même éliminer les hommes des autres groupes qui ne croient pas au même dieu.

Si l'on admet que Dieu a un effet psychologique comparable à une base de sécurité internalisée [39] qui néces-

39. Fraley R. C., Shaver P. R., « Loss and bereavement : attachment theory and recent controversies concerning grief work and the nature of detachment », *in* J. Cassidy, P. R. Shaver (eds), *op. cit.*, p. 735-759.

site d'avoir peur afin d'éprouver le bonheur d'aimer celui qui nous sécurise, nous retrouvons l'association du couple d'opposés, d'un inconnu qui effraie et donne son effet sécurisant à un connu qui rassure. Chez l'âgé, le couple d'opposés est constitué par la peur de mourir et de rencontrer l'inconnu associée à la peur de perdre la vie et d'être séparé à jamais de son monde familier. Mourir et perdre la vie constituent un couple où l'un effraie tandis que l'autre désespère. Mais, quand le sujet âgé peut se sécuriser à une représentation divine, et quand son groupe humain lui fournit les éléments rituels qui le rendent capable de supporter la perte, alors peut s'ouvrir un accès à la spiritualité qui transfigure le réel.

Si les personnes âgées souffrent de l'angoisse de la perte plus que de l'idée de leur mort, c'est probablement parce que le vieillissement du cerveau et la représentation du temps âgé laissent resurgir en conscience les empreintes du passé. Ce palimpseste de la mémoire où les premières traces s'expriment plus intensément que les récentes est démontrable par la neuropsychologie de la musique.

Interdiction de la neuromusicologie

Les outils fournissent des archives solides qui nous aident à comprendre comment ces objets ont propulsé l'aventure humaine. Il y a trois millions d'années, les silex savamment taillés ont dû nous rassurer quand on les transformait en armes à lancer contre les animaux ou en outils qui nous permettaient d'agir sur la nature et de commencer à la dominer. Des centres d'apprentissage professionnel se sont ouverts afin d'apprendre aux jeunes à tailler les pierres. Cet artisanat a transformé la vie quotidienne grâce à la chasse du petit gibier, au raclage des fourrures des animaux tués et au sentiment d'être protégés qu'il suscitait. Plus tard, il y a cinq cent mille ans, la découverte du feu a constitué une autre révolution dans l'art de vivre dont nous trouvons encore des vestiges dans les foyers. Il y a quarante mille ans, l'apparition des peintures rupestres nous fournit la preuve que nos ancêtres savaient agir non seulement sur le réel, mais aussi sur l'âme des hommes.

Les archives sont moins nettes pour la musique. Il paraît que monsieur Neandertal jouait dans de petits orchestres avec des flûtes en os et des tambourinages. Ces archéomusiciens devaient se produire au moment où on déposait le défunt couvert de pétales de fleurs dans sa sépulture de cailloux colorés, tandis que le groupe pleurait et récitait des oraisons. Ce théâtre de la mort permet de poser le problème de la neuropsychologie de la musique. Les néandertaliens, qui n'avaient pas tout à fait le même cerveau que nous, un petit lobe préfrontal et un gros « chignon » occipital, savaient faire des outils de la musique et des mots. Ce qui revient à dire que des structures cérébrales différentes des nôtres peuvent entendre de la musique et pas seulement du bruit. Les artistes, grâce à cet artifice, mettent en scène une tragédie qui a pour fonction de synchroniser les émotions du groupe et de mettre en lumière consciente un événement afin que désormais il prenne sens.

Voilà comment la musique néandertalienne pourrait poser le problème. Vous allez être étonnés en apprenant que cette question a été longtemps interdite. Le souci des origines est un poids lourd idéologique. Si l'on accepte l'idée que monsieur Neandertal, malgré son cerveau, son appareil phonatoire et sa biologie différente était capable de mots, de musique et de spiritualité, sa disparition pose un problème moral [40].

En 1866, la Société linguistique de Paris interdisait toute recherche sur l'origine du langage et recommandait de n'étudier que les langues civilisées [41]. Imaginez que quelqu'un parvienne à démontrer que le langage s'enracine dans la matière du cerveau, son origine immatérielle divine, serait souillée par une telle connaissance qui nous suggérerait que les non-hommes aussi ont une âme, dont le verbe est la preuve. Parmi les non-hommes, vous classerez les Noirs, les Roms, les gorilles et quelques étrangers que vous ne pouvez pas supporter. Grâce à cet interdit seul l'homme, votre proche, garde Sa Nature Surnaturelle. C'est pour une raison analogue que les recherches sur les origines de la musique ont été taboues. La doxa de l'époque affirmait que la seule musique naturelle était occidentale et que celle des autres cultures était primitive ou dégénérée.

Un homme sans langage ni musique n'est pas concevable. Mais, puisque des cerveaux de structures différentes peuvent produire ces performances abstraites et artistiques, il vous faudra admettre qu'une musique sans hommes est pensable.

40. Trinkaus E., Shipman P., *Les Hommes de Neandertal*, Paris, Seuil, 1996, p. 27.

41. Quillier P., « Dramaturgie du vertige : l'origine du langage », *in* J. Trabant (dir.), *Origins of Language*, Budapest, Colloquium, 1996.

Pour une zoomusicologie

Si l'on considère que la musique est un art de combiner les sons en hauteur, intensité, fréquence, durée et silences organisant des suites, on peut admettre que les cris d'animaux composent une musique. Un zoomusicologue [42] remarque que les animaux ne fabriquent pas d'instruments, n'écrivent pas de partitions et ne font pas payer les places lors des concerts qu'ils organisent en plein air. Pourtant, beaucoup d'espèces combinent les sons qu'elles émettent. Les roucoulements de parade sexuelle d'un pigeon mâle qui se rengorge et d'une femelle qui s'accroupit et écarte les ailes ont été préparés par des séquences criées. L'organisation sonore peut même désigner un objet ou une situation. Le mâle Tyranus Tyranus (passereau d'Amérique du Nord) émet parfois un cri dont l'architecture sonore n'apparaît qu'en présence d'un objet nouveau [43], sinon il n'émet que des cris de routine.

Chez le pinson, le chant adulte dure deux secondes et demie, est composé de sons compris entre deux et six kHz et divisé en trois motifs de plusieurs notes qui se terminent par une fioriture. Un petit pinson élevé en isolement garde cette organisation sonore, mais, privé de modèle auditif, il divise mal son trille et ne termine jamais par la fioriture que certains appellent « signature chan-

42. Entretien avec François-Bernard Mâche, « La musique n'est pas le propre de l'homme », *La Recherche*, hors série, n° 4, novembre 2000.

43. Cosnier J., Coulon J., Berrendonner A., Orecchioni C., *Les Voies du langage. Communications verbales, gestuelles et animales*, Paris, Dunod, préface de D. Anzieu où il explique que la mélodie de la voix maternelle joue un rôle fondateur dans la constitution du Moi-Peau du petit, 1982, p. 12-13.

tée... ». Cet aspect fonctionnel du chant des oiseaux et des singes gibbons ne permet pas d'expliquer les polyphonies entre voisins. Il n'est pas rare que des oiseaux, des singes ou des animaux d'espèces différentes harmonisent leurs chants, en dehors de tout besoin de reproduction, de territoire ou d'agressivité. Le plaisir seul pourrait-il expliquer les répertoires variés, inventés, surprenants et totalement inutiles si ce n'est pour l'esthétique [44] ?

L'aptitude à chanter dépend d'une transaction entre un système nerveux qui possède une compétence et son entourage qui le transforme en performance. Un coq rendu sourd à sa naissance chante de la même manière que tout coq adulte. Son système nerveux n'a pas besoin de modèle pour apprendre, alors qu'un bouvreuil élevé par une autre espèce apprend à chanter comme ses parents adoptifs. Un goéland marseillais pousse un staccato triomphal quand il a réussi une bonne performance relationnelle, en chassant un congénère pour lui prendre sa place ou en exprimant son bien-être après une rencontre sexuelle. Mais, quand on compare son chant de triomphe à celui d'un goéland anglais, on constate sans peine que l'image sonore de leurs « tyroliennes » montre deux architectures tonitruantes différentes [45], comme s'ils n'avaient pas le même accent. Une même compétence neurologique prend des formes variables selon les milieux. Ce constat prouve la plasticité du système nerveux des oiseaux façonné par les chants qui l'environnent, comme un cerveau humain est façonné par les mots et les gestes dans lesquels il baigne.

44. Entretien avec François-Bernard Mâche, « La musique n'est pas le propre de l'homme », *op. cit.* et colloque de Mouans-Sartoux, P. Charbit (dir.), septembre 2004.

45. Eibl-Eibesfeldt I., *Éthologie. Biologie du comportement*, Paris, Éditions Scientifiques, 1972, p. 242.

Comment la musique façonne le cerveau humain

Cette incursion en éthologie animale montre que, dans l'évolution du monde vivant, la musique précède le langage. Il en est de même pour le développement d'un petit humain qui dès le dixième mois danse en entendant une musique, alors qu'il ne maîtrise pas encore sa langue. Quand un bébé arrive au monde, la verbalité qui l'entoure constitue une sensorialité dont il perçoit préférentiellement les basses fréquences comme une caresse. À ce stade de son développement, les mots sont encore des objets sensoriels, mais, dès la première année, il perçoit préférentiellement les phonèmes de la langue dans laquelle il baigne. Dès lors, toute sa vie, il entendra les mots de sa langue maternelle avec plus d'acuité que tous les autres mots comme s'ils étaient plus sonores, plus découpés, plus saillants, plus faciles à saisir. De même, esthétiquement, toute sa vie il percevra mieux la musique de son enfance qui déclenchera des émotions plus vives que toutes les autres musiques.

L'articulation entre le système nerveux et son milieu permet de comprendre pourquoi les négociations sont variables. La musique des êtres humains correspond au schéma des goélands qui prennent l'accent de leur milieu mais qui chantent toujours en goéland. Il faut que les modes musicales changent afin de créer une sensation d'événement, mais ces nouveautés incessantes n'empêchent pas un programme commun à tous les êtres humains. Les chants à trois voix dont l'une reste immobile tandis que les deux autres enchaînent les intervalles à cinq notes sont apparus indépendamment dans un grand nombre de cultures : les Peuls Bororos du Niger, les Païwans de Taiwan, les Nagos de l'Assam, les Albanais et probablement d'autres groupes ont découvert la même structure musicale alors qu'ils n'ont jamais eu la possibilité de se rencontrer et de s'influencer [46].

La musique a toujours été étudiée en tant que manifestation culturelle, ce qui est indéniable mais n'exclut pas l'organisation des structures cérébrales. Certains petits accidents cérébraux réalisent parfois de minuscules dissections neurologiques qui vont permettre d'analyser la neuromusicologie. Ce qu'on appelle langage musical est différent du langage parlé même si on a souvent envie de les associer [47].

Dans l'ensemble, on écoute la musique avec l'hémisphère droit et on joue d'un instrument avec l'hémisphère gauche. Cela explique pourquoi les non-musiciens tendent plutôt l'oreille gauche qui conduit les informations musicales vers l'hémisphère droit, alors que les instrumentistes écoutent des deux oreilles [48]. La prosodie, la mélodie des mots, révèle facilement si le locuteur s'ennuie ou s'intéresse, s'il lit de la poésie ou le règlement du métro parisien. La perception des mots est différente parce que l'oreille et le cerveau analysent clairement l'intensité, le temps, le rythme et toutes les composantes biophysiques de la voix. Et, pourtant, certains imitateurs parviennent à reproduire la prosodie d'une langue dont ils ne parlent pas

46. Entretien avec François-Bernard Mâche, *op. cit.*
47. Botez M. I. (dir.), *op. cit.*, p. 338.
48. Wagner M. T., Hannon R., « Hemispheric asymetries in faculty and student musicians and non musicians during melody recognition », *Tasks, Brain Long*, 13, 1981, p. 379-388

un mot : on différencie sans peine la mélodie vocale d'un Chinois de celle d'un Arabe ou d'un Anglais. Même les nourrissons, dès le dixième mois, commencent à babiller avec la mélodie qui caractérise leur langue [49]. Et les aphasiques en cours de guérison ont du mal à exprimer leurs mots avec la mélodie qu'ils avaient avant l'accident. L'association est fréquente entre les mots et leur musique puisque les sorciers et les prêtres s'en servent pour inventer des prosodies étranges comme les chants grégoriens, le ton des oracles ou des prières religieuses.

C'est le cerveau qui fait la différence entre la mélodie de la musique et le chantonnement des mots. Le réseau neuronal qui crée la sensation musicale circuite les informations sonores vers des zones différentes : quand on écoute de la musique, c'est le gyrus temporal droit qui s'allume et va se connecter avec le lobe préfrontal droit *. Les neurones de ces circuits perçoivent préférentiellement le contour de la hauteur des sons des notes de musique et de l'interaction des mots. Le rythme est clairement perçu grâce à l'alternance des silences et de l'attaque des sons, « les localisations dans le cerveau des musiciens et des non-musiciens [50] » ne sont pas les mêmes. L'imagerie neurologique réalisée sur un pianiste en train de jouer montre une forte consommation d'énergie dans son cerveau gauche. Au moment où il voit les notes, la lecture de la partition allume son cerveau occipital qui traite les informations de l'image *. Quand il s'apprête à jouer, son anticipation motrice allume la zone frontale ascendante qui

49. Boysson-Bardies B. de, *Comment la parole vient aux enfants*, Paris, Odile Jacob, 1996, p. 119-121.

50. Peretz J., « Les bases biologiques de la musique », *in* E. Dupoux (dir.), *Les Langages du cerveau*, Paris, Odile Jacob, 2002, p. 432.

va commander les muscles de sa main. Et, quand il passe à l'acte, le simple fait de pianoter allume l'aire motrice supplémentaire qui se connecte aux circuits profonds de la mémoire. Le pianoteur a harmonisé plusieurs capacités cérébrales présentes, passées et à venir, juste pour faire quelques notes de musique. Quand il répète chaque jour cet exercice, il finit par se fabriquer un lobe temporal gauche autour de la zone du langage trois à quatre fois plus large que celui de la population générale [51]. Une musique aérienne, abstraite, produite par une culture a fini par s'implanter dans le cerveau et en hypertrophier une partie.

Musiques ou paroles

Tous les humains ne sont pas sensibles aux informations musicales qui planent dans leur culture. Certaines personnes n'entendent pas la musique, il y a des amusiques comme il y a des dyslexiques qui ne lisent pas l'écriture. Pour ces gens, la musique est un bruit particulier qui les laisse indifférents ou même les dérange. On cite toujours l'exemple de ce général qui, après un petit accident vasculaire de son aire auditive droite, ne parvenait plus à reconnaître *La Marseillaise* et devait se fier au drapeau ou aux signes que lui faisaient les autres militaires pour se mettre au garde-à-vous. Che Guevara, dans un continent où la musique est une valeur suprême, s'étonnait que ses amis y attachent tant d'importance et avouait qu'il ne par-

51. Sergent J., Zuck E., Terria H. S., McDonald B., « Distributed neural network underlying musical sight-reading and keyboard performance », *Science*, 257, 1992, p. 106-109.

venait pas à faire la différence entre l'air de *La Walkyrie* de Wagner et un tango des bas-fonds. Madame Brauner m'a raconté comment ses parents, riches Viennois cultivés des années 1930, invitaient Sigmund Freud à des concerts dans leur grand appartement [52]. Le professeur s'asseyait dans le fauteuil qui lui était réservé au premier rang, parlait à voix haute ou éclatait de rire tandis que l'orchestre tentait de jouer délicatement. Quand madame Brauner lui suggéra de ne pas faire de bruit, le bon docteur, très gentiment, affirma que l'orchestre ne le gênait pas et qu'il pouvait continuer. Sigmund avoua que ce qui l'intéressait dans les opéras comme *Don Juan* ou *Carmen*, c'était le problème du vice et de la vertu ou celui de l'amour non partagé, et non pas la forme musicale et son effet esthétique. Il s'étonnait que, pour ceux qui aiment la musique, « le sens leur importe peu à ces gens-là, ils ne se soucient que de la ligne, de la forme, de l'harmonie du dessin [53] ».

Ceux qui sont atteints d'une amusie congénitale n'en souffrent pas. Les daltoniens ne sont pas affligés de ne pas percevoir le rouge qu'ils confondent avec le marron, et aucun d'entre nous n'est torturé par notre incapacité à percevoir les ultraviolets. Les amusiques entendent la musique comme une langue étrangère, voilà tout.

Freud et Che Guevara ne possédaient probablement pas le circuitage neuromusical puisqu'ils avaient baigné dans la musique de leur culture et que ça ne leur avait fait aucune impression ni laissé aucune trace dans leur mémoire. Non seulement les amusiques n'accèdent pas à ce grand plaisir, mais en plus ils se privent d'un merveil-

52. Brauner A., Brauner F., *Dessins d'enfants de la guerre d'Espagne*, Saint-Mandé, Groupement de recherches pratiques pour l'enfance, 1976.
53. Gay P., *Freud. Une vie*, *op. cit.*, p. 193-196.

leux tranquillisant. La plupart des anxieux « se mettent de la musique », comme ils disent. Ils se la plantent en pleine tête pour se faire capturer par elle et s'empêcher de penser. Beaucoup de dentistes s'en servent en guise de relaxant, et, pendant des siècles, les militaires se sont emparés de l'esprit de leurs propres soldats en les hypnotisant avec le roulement des tambours, le son des fifres et des cuivres qui, en magnétisant la marche au pas cadencé, capturaient leur esprit et les empêchaient d'avoir peur.

Il y a un précâblage des aires musicales, un peu en arrière des aires auditives, qui explique que les sourds aiment danser sur un air de musique qu'ils perçoivent comme un toucher, une vibration plus ou moins intense. « Un îlien du Pacifique, un chanteur d'opéra chinois et un fou de musique rap » perçoivent les musiques dans ces aires auditives. Ils discernent « le contour de la hauteur de son qui fait intervenir le côté droit du cerveau, la région du gyrus temporal supérieur et la région frontale * [54] », comme le montre la neuro-imagerie.

L'existence de réseaux neuronaux de la musique est renforcée pas le constat clinique d'auras musicales. Il arrive qu'une crise d'épilepsie soit annoncée par une hallucination musicale. Le malade, soudain, entend un air de musique parce que les neurones de sa zone temporale postérieure droite émettent d'intenses décharges électriques qui stimulent la mémoire de musiques auparavant entendues. Cette hallucination musicale prévient le malade qu'il

54. Peretz I., « Les bases biologiques de la musique », *in* E. Dupoux (dir.), *op. cit.*, p. 435.

va bientôt perdre connaissance quand la décharge électrique se diffusera.

L'existence d'atteintes sélectives précises, comme l'impossibilité de répéter les mots d'une chanson, l'altération du rythme alors qu'on perçoit la mélodie, l'impossibilité d'écrire la musique alors qu'on peut encore la lire, réalisent des « dissections » cliniques qui mènent à penser que les supports neurologiques de la musique sont proches du langage mais ne sont pas le langage.

Étranges mémoires musicales

Cette distinction est illustrée par certaines formes d'autisme où le patient a une mémoire musicale stupéfiante alors qu'il ne peut comprendre ni exprimer le moindre mot [55].

Le syndrome de Williams est une maladie génétiquement déterminée par une microdélétion sur le chromosome 7. L'enfant ressemble à un lutin, tout petit, avec un front haut, une grande bouche, un nez en trompette et un iris étoilé. Ces enfants sont gais, anormalement sociables, ils s'attachent à n'importe qui et chantonnent sans arrêt. Le flux de leurs mots est abondant et curieusement sophistiqué, ce qui contraste avec un quotient intellectuel abaissé. Les sonorités sont une composante essentielle de leur monde sensoriel : ils sursautent au moindre bruit, regardent longuement les gens parler et répètent à la per-

55. Heaton P., Hermelin B., Pring L., « Autism and pitch processing : a precursor for savant musical ability ? », *Music Perception*, 15, 1998, p. 291-305.

fection un disque de musique qu'ils n'ont entendu qu'une seule fois [56].

Le syndrome d'Asperger réalise des performances exactement opposées. Dans cette forme clinique d'autisme, ces personnes révèlent une incroyable aptitude au langage : elles peuvent apprendre en quelques mois plusieurs langues étrangères qu'elles parlent sans accent, mais se désintéressent de la musique qu'elles perçoivent comme un bruit de fond.

Certains circuits neurodéveloppementaux créent des aptitudes étranges, même chez ceux qui ne sont pas autistes et qui pourtant bénéficient de synesthésies curieuses. Arthur Rimbaud, qui parlait de « musique sourde [57] », illustre le phénomène d'association d'un son à une couleur dans son poème « Voyelles ». « A noir, E blanc, I rouge », où la stimulation d'une modalité sensorielle provoque la réponse inattendue d'une autre modalité. Huysmans pensait que les orgues avaient une saveur, tandis que Boris Vian préférait le piano à cocktails. Les grands mathématiciens bénéficieraient de ces synesthésies. Quand on leur pose un problème, ils se mettent à flotter autour de la formulation écrite et, soudain, ils perçoivent une sorte de graphisme à trois dimensions. Il ne leur reste qu'à traduire cette image, comme une chaîne de montagnes, en langage mathématique afin de communiquer leur compréhension soudaine. La neuro-imagerie, réalisée lors de cet effort intellectuel, allume une

56. Bonvin F., Arheix M., « Études du comportement vocal et langagier de deux sujets syndrome de Williams Beuren », mémoire pour le diplôme de l'université de Toulon 2001 ; et Dambly M. J., Talbot C., « Syndrome de Williams », congrès de Pédiatrie, Rome, 1999.

57. Rimbaud, *Rimbaud. Illuminations. L'œuvre manuscrite*, Paris, Bibliothèque de l'Image, 1998, p. 18.

connexion inattendue entre les zones voisines qui traitent d'habitude les informations de l'espace et celles des quantités. Le scanner voit passer au rouge les zones temporales supérieures du gyrus fusiforme et du gyrus angulaire *. Cette « activation croisée[58] », cette synesthésie espace-quantité, expliquerait le don de certains grands matheux. Il n'est pas rare qu'un musicien déclare éprouver un goût de chocolat quand il entend les premières notes d'un concert, mais la plupart associent les sons musicaux avec une symphonie de couleurs.

La prise de LSD crée d'étranges synesthésies où la perception du visage est soudain connectée à celle des pieds, comme si le corps n'existait plus, tandis que l'amygdale rhinencéphalique s'allume, témoignant d'une flambée émotionnelle[59]. Les modifications des synapses sous l'effet de cette drogue expliquent pourquoi on peut éprouver une terreur en voyant une fleur, ou entendre une musique divine en écoutant crisser les pneus d'une voiture.

Le fait que chacun d'entre nous entende la musique à sa manière n'empêche pas la constitution de familles d'auditeurs : ceux qui aiment les chants militaires et ceux qui les détestent, ceux qui sont pénétrés par les rythmes de jazz et ceux qui en sont irrités, ceux qui se délectent de musique classique et ceux qu'elle engourdit ont probablement acquis ces préférences sensorielles au cours des empreintes précoces qui ont circuité les zones correspondantes du cerveau.

58. Hubbard E., « La synesthésie ou comment les neurones poétisent le monde », *Abstract Psychiatrie*, n° 17, mai 2006.

59. Robertson L., Sagiu N., *Synesthesia : Perspectives from Cognitive Neuroscience*, Oxford, Oxford University Press, 2005.

Pourrait-on vivre sans musique ?

Le bain musical précoce, en circuitant quelques zones cérébrales précises, rend sensible à certaines musiques, et cet amour partagé unit les personnes qui ont acquis ces préférences. Ceux qui aiment le jazz se rencontrent avec plaisir autour de cette musique qui joue désormais un rôle d'organisateur du groupe. Les individus s'identifient à leurs idoles, prennent un style vestimentaire, une manière de parler, d'être ensemble et même souvent de diriger leur existence. Les rappeurs ne se socialisent pas de la même manière que les adorateurs du menuet. Chaque groupe identifié par l'amour de sa musique invente ses rituels de rencontres sociales et sexuelles. La fonction de synchronisation des émotions par la musique joue un rôle majeur dans le tissage du lien. Le fait d'avoir chanté ensemble crée un sentiment d'intense intimité. L'implantation cérébrale de la musique facilite la création des couples par la danse et la synchronisation des désirs sexuels. Elle permet aussi d'organiser les groupes lors de rendez-vous artistiques ou politiques.

Alors, on peut s'étonner que certains chercheurs affirment que la musique est inutile et que, si elle disparaissait, l'homme s'adapterait quand même [60]. Il est vrai qu'il y a trois millions d'années l'homme parlait très peu. Il est vrai que l'espèce humaine a connu une longue période sans outils. Il est vrai que les êtres humains viennent tout juste de découvrir la science. Faut-il en déduire que le lan-

60. Pinker S., *Comment fonctionne l'esprit*, Paris, Odile Jacob, 2000.

gage, les outils et la science sont inutiles parce que l'homme a pu vivre sans eux ?

Freud et le Che ont bien vécu sans elle, comme les daltoniens peuvent vivre sans le rouge. Mais, quand on parle, quand on bénéficie de la science et des outils, quand on perçoit la couleur rouge, quand on érotise et qu'on se socialise grâce à la musique, on vit mieux, tout simplement.

La chansonnette participe au retour du passé quand la moindre rengaine « ramène chacun de nous à son histoire [61] ». La musique de notre enfance, imprégnée dans le cerveau avant la parole, resurgit lors du grand âge et ramène le plaisir des petites années. La comptine que chantait notre mère nous revient en mémoire, et, lorsqu'on la chante à nos petits-enfants, on retrouve le bonheur provoqué par la chanson... soixante-dix ans auparavant !

Les airs populaires sont les jalons temporels de notre existence. Le refrain : *Non, je ne regrette rien*, me rappelle Édith Piaf et la guerre d'Algérie... *Only you*, de Paul Anka, fait revenir les premiers émois sexuels. Comme la madeleine de Proust, « la chanson permet la relance du rêve [62] » et le dépoussiérage d'une identité défaillante. Les malades d'Alzheimer qui perdent l'accès aux mots retrouvent souvent de manière étonnante les paroles qu'ils fredonnaient quand ils avaient vingt ans. Une malade qui ne pouvait communiquer qu'en émettant quelques palilalies automatiques : « " Takapeu... Takapeu... Takapeu... " entend fredonner " J'ai deux amours, mon pays et Paris "

61. Barbara, *Il était un piano noir. Mémoires interrompus*, Paris, Fayard, 1998.
62. Beuchot B., « Quand les souvenirs viennent en chantant », *Le Journal des psychologues*, n° 209, juillet-août 2003.

et, devant son mari stupéfait, enchaîne tous les mots jusqu'à la fin de la chanson [63] ! » *Le Grand Méchant Loup* réveille l'émotion de la douce protection maternelle, *Ne me quitte pas* fait resurgir l'image d'une période où tout était intense, le bonheur comme la tristesse [64].

« Ces retours en conscience de souvenirs enfouis nous invitent à réfléchir à la vieillesse autrement qu'en termes d'extinction [65]. » En effet, cette aptitude musicale peut servir d'amorçage à une mémoire défaillante [66] comme dans l'exemple de *J'ai deux amours* où chaque mot appelle le suivant et, en faisant revenir la chanson entière, change le regard du mari et l'estime de soi de la malade.

La musique plantée dans le cerveau bien avant que l'enfant apprenne à parler persévère longtemps dans la maladie d'Alzheimer après que les mots ont disparu. Elle demeure apaisante et même socialisante puisqu'il suffit d'en faire écouter des sessions de trente minutes pour faire disparaître les agressions et les déambulations [67].

Puis, quand tous les mots auront disparu, la musique à son tour s'éteindra et le patient, ne parvenant plus à habiter un monde de représentations lointaines redeviendra soumis à l'immédiateté des fonctions de la survie : boire, manger, dormir et crier pour remplir son monde vidé d'humanité.

63. Cyrulnik B., Colin J., Delage M., enregistrements à domicile.

64. Beuchot B, « Utilisation psychanalytique de l'évocation de souvenirs chez les malades d'Alzheimer », *Le Journal des psychologues*, n° 209, juillet-août 2003.

65. Ploton L., *La Maladie d'Alzheimer, à l'écoute d'un langage*, Lyon, Chronique sociale, 1996, p. 57.

66. Aldridge D., « De la musique en tant que thérapie dans la maladie d'Alzheimer », *Alzheimer Actualités*, n° 99, mai 1995.

67. Fitzgerald-Cloutier M. L., « The use of music therapy to decrease wandering : an alternative to restraints », *Music Therapy Perspectives*, vol. 11, 1993 p. 32-36.

Vieillesses et cultures

La maladie d'Alzheimer est une maladie de femmes puisque 80 % des malades sont des femmes et 80 % des aidantes aussi [68]. L'existence de lésions chimiques, l'objectivation des régions cérébrales que l'imagerie rend visibles, l'analyse clinique des troubles des comportements, la désorientation dans l'espace et le temps, la désémantisation progressive du monde ne sont pas suffisantes pour expliquer toute la maladie. La réponse familiale à la tragédie médicale et la manière dont la culture en parle participent à la production même des symptômes.

Les familles sont déchirées, et la manière dont elles réagissent à la maladie dépend de l'histoire qu'elles ont connue avec le parent malade [69]. L'attitude non consciente de l'aidant modifie les symptômes du malade. Quand, dans une situation de conversation, une linguiste observe les interactions entre une femme et son mari souffrant de maladie d'Alzheimer, elle démontre clairement que l'empathie de l'aidante diminue les symptômes de son mari malade : elle lui donne la parole, se tait quand il tente de parler et l'accompagne par ses mimiques [70].

68. Héritier F., « L'aide aux aidants : l'apport de la recherche médico-sociale », actes du colloque de la Fondation Mederic-Alzheimer, 2003, p. 6.

69. Arfeux-Vaucher G., Dorangen M., Vidal J.-C., Gaussens J., « Le dit et le non-dit entre les générations au sein des familles ayant une personne psychiquement dépendante », *in* « L'aide aux aideurs, l'apport de la recherche médico-sociale », *op. cit.*, p. 18.

70. Maury-Rouan Cl., « Résilience et empathie : la présence de l'autre dans la conduite du discours », groupe de recherche et de réflexion « Biologie de l'attachement », Ardix, Lyon, 30 mai 2006.

Le mythe organise lui aussi les interactions avec le malade selon le récit que fait la culture de cette situation difficile. Le poids du mot « démence » provoque des métaphores négatives, de folie, de dégénérescence et de rejet induit par la culture occidentale. Le paysage verbal organise les comportements et structure les signifiants qui entourent le malade participant ainsi à l'expression de ses troubles [71]. Le mythe du médicament améliore les symptômes, parfois en agissant sur la biologie du malade, et souvent en déculpabilisant les aidants et en sécurisant l'entourage [72].

D'autres cultures, en pensant différemment la maladie des âgés, organisent d'autres réactions de l'entourage, ce qui modifie les symptômes du malade. Un neurologue indien ne comprend pas ce que dit un neurologue occidental : « Vous dites qu'un âgé coûte cher et que la famille est indignée par le prix. En Inde, on dit : honte sur la famille qui n'est pas capable de payer... Vous dites qu'un âgé perd ses capacités. En Inde, on ne peut pas comprendre ça puisque les performances d'un âgé ne nous intéressent pas [73]. »

Dans une culture où la conception du temps est linéaire, comme dans les récits chrétiens où l'on va vivre ailleurs après la mort, ou dans les sociétés où l'idéologie scientiste linéaire fait croire qu'une seule cause provoque un seul effet, la vieillesse est un déclin avant la pourriture terrestre. Mais, dans une culture où l'on pense que le temps revient, la vieillesse ne représente qu'un moment de

71. Sontag S., *La Maladie comme métaphore*, Paris, Seuil, 1979.

72. Ngatcha-Ribert L., « Maladie d'Alzheimer et société : une analyse des représentations sociales », *Psycho-Neuro-Psychiatrie du vieillissement*, vol. 2, n° 1, 2004, p. 54.

73. Cohen L., « Alzheimer. Cerveau sans mémoire », *La Recherche*, 10, 2003.

ce cycle [74]. Elle ne peut pas être un naufrage puisqu'il suffit d'attendre le retour de la jeunesse ! Quand, en France, le palimpseste de la mémoire fait revenir les peurs de la Seconde Guerre mondiale, quand la mère âgée de quatre-vingt-cinq ans s'écrie : « J'entends les soldats allemands monter dans l'escalier », l'entourage s'indigne et cherche à la corriger puisque ce n'est pas vrai : « Mais qu'est-ce que tu racontes, Maman ? La guerre est finie depuis soixante ans ! », et la mère se sent incomprise, abandonnée à sa peur. À Pékin, quand une dame de quatre-vingt-cinq ans s'écrie : « Les Japonais sont là ! », la famille, intéressée, lui demande de préciser : « Raconte-nous comment ça se passait [75]. » Dans un mythe au temps cyclique, les vieux ne peuvent pas dégénérer : personne ne se sent malade quand il ne peut plus courir le cent mètres aussi vite que lorsqu'il avait vingt ans. Être âgé, ce n'est pas être anormal. En Orient, on ne retombe pas en enfance, on y remonte pour revenir à la vie à l'état de nourrisson.

Puisque tout change sans cesse, notre environnement, notre biologie et notre histoire, nous sommes obligés de passer d'incessantes transactions avec les étoiles de la constellation qui entourent le sujet pour en faire ce qu'il est, à ce moment-là, dans cette culture-là.

74. Godelier M., « De la vieillesse magnifique à la vieillesse marginalisée et même expulsée du monde des vivants », *in Le Grand Âge de la vie*, Fondation Eisai, Paris, PUF, 2005.

75. Lupu F., « Le vieux Chinois peut-il être malade ? », symposium Janssen-Cilag, « La Maladie d'Alzheimer », Cannes, 12 mars 2006.

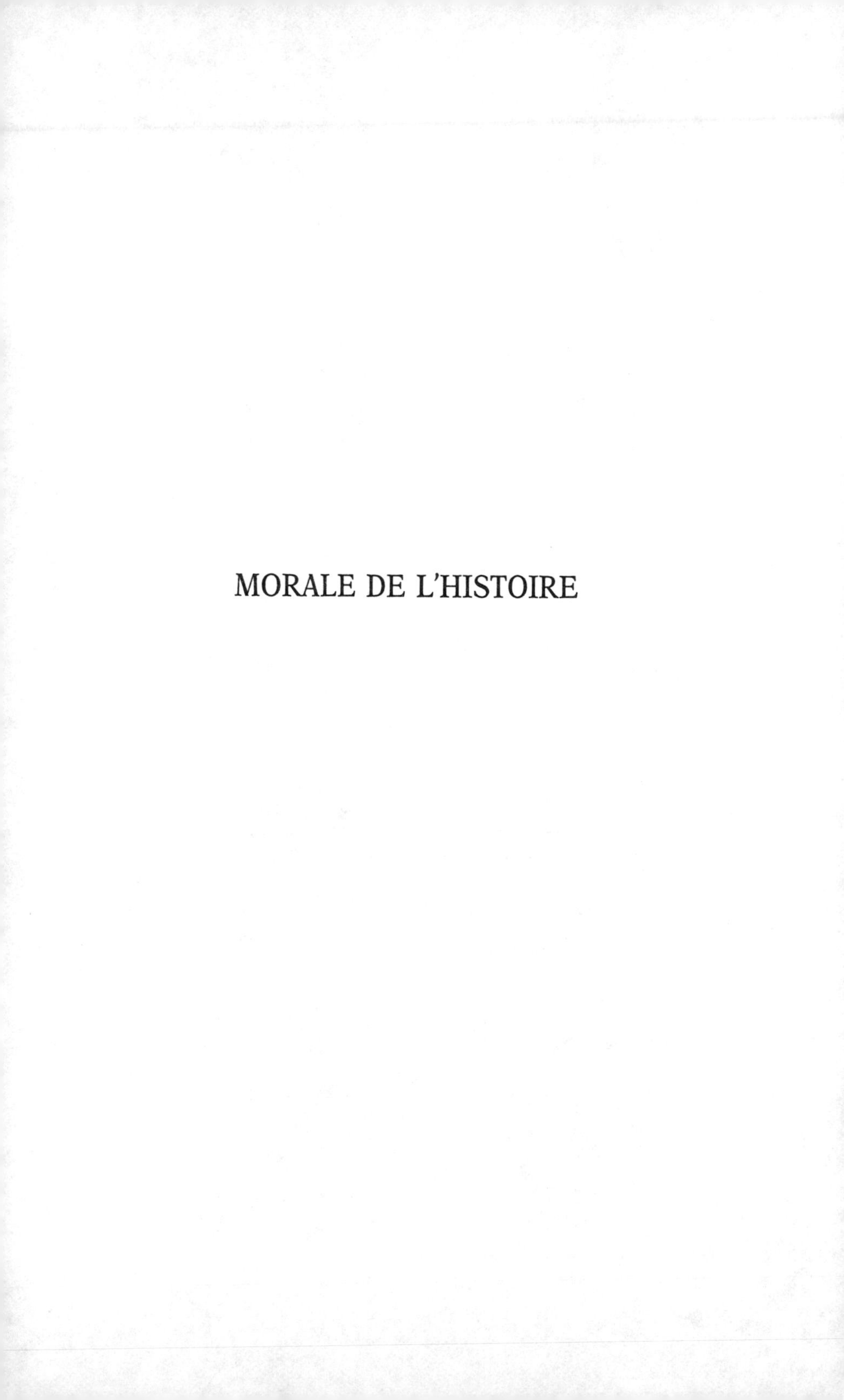

MORALE DE L'HISTOIRE

La *morale* de cette histoire, c'est que nous n'avons pas à choisir. Pendant des millénaires, on nous a dit : « Choisis ton camp, le corps ou l'âme ? » Puis, il nous a fallu faire la guerre à ceux qui s'étaient engagés dans l'autre camp.

Les combattants regroupés sous le noble étendard de l'âme méprisaient les adorateurs de la matière qui souillaient la condition humaine. À force d'abstractions, ils se sont transformés en intégristes de l'âme qui tentent d'éradiquer les explorateurs du corps.

Pendant ce temps, les défenseurs de la cause du corps récitaient à toute allure quelques théories biologiques aujourd'hui oubliées. À force de mesures qui leur donnaient l'illusion d'être savants, ils ont fini par coller sur les suppôts de l'âme une étiquette de « précieuses ridicules ».

Les découvertes étaient réelles pourtant, tant biologiques que psychologiques, mais le simple fait de se ranger sous une bannière exigeait de limiter volontairement nos connaissances. C'était une bonne affaire qui permettait de travailler peu en faisant croire qu'on en savait beaucoup. On accumulait des idées, des expérimentations et des arguments de plus en plus solides, vrais et défendables, construisant ainsi un château fort biologique d'où l'âme était expulsée. Pendant ce temps, les opposants décrivaient un paradis de pureté d'où la chair est bannie.

Pour avoir des certitudes, il est bon d'être ignorant. On se sent fort, on s'engage dans un camp qui défend un morceau de condition humaine cohérent, argumenté par des livres, des diplômes, des mouvements d'idées et des rencontres amicales. Cette aliénation nous rend heureux puisqu'elle renforce nos liens avec ceux qui partagent la même croyance.

Et ce qui aurait dû être un débat scientifique se transforme en technique d'influence culturelle et de puissance politique. Le pouvoir est au bout de la pensée unique. Plus on se spécialise, plus on a de chances d'appartenir au groupe des meilleurs. Mais cette stratégie de domination provoque un appauvrissement du monde. L'illusion d'explication que donne la récitation d'un métabolisme : « Il déprime parce que son cerveau sécrète moins de sérotonine », est combattue à armes égales par celle qui vous assène une interprétation moralisante : « Il est malade parce que sa mère est mortifère. »

Dans une telle stratégie de la connaissance, plus les idées sont claires, moins elles sont vraies, mais nous avons les moyens de les faire changer : « Le principe dialogique signifie que deux ou plusieurs logiques sont différentes et liées [1]... » La pensée complexe n'est pas très compliquée. Au contraire même, dans la pensée unique, quand on appartient au groupe des meilleurs spécialistes mondiaux

1. Morin E., *Penser l'Europe*, Paris, Gallimard, 1990, p. 266

d'une enzyme rare, on éprouve le sentiment d'être initié à un savoir que personne d'autre ne peut comprendre.

L'attitude opposée qui intègre des disciplines différentes empêche l'évolution sectaire de tout pouvoir qui se renforce en excluant ses opposants. Quand on cherche à englober les informations de nature différente dans un même système, chacun fait l'effort de se faire comprendre. Non seulement c'est agréable, mais en plus ça fait surgir des idées imprévues. Quand un neurologue rencontre un musicien, ils découvrent que son art façonne une partie du cerveau; quand un vétérinaire s'accouple avec une linguiste, ils enfantent une méthode qui démontre comment l'expression des émotions de l'un impressionne les émotions de l'autre; quand un psychanalyste échange avec un chimiste, ils découvrent comment le psychothérapeute renforce le cerveau de l'analysant en frayant des circuits tranquillisants.

L'invitation à découvrir les découvertes des autres empêche le dogmatisme spontané de toute discipline qui s'érige en institution. Dans un groupe doctrinaire, une seule idée est bonne : celle du chef qui distribue les postes et les honneurs. Quand l'ordre règne à ce point, la vie intellectuelle se transforme en récitation comme un leurre de pensée.

Les neurosciences posent aux psychologues des problèmes de science-fiction : comment un douillet affectif invente une manière de vivre qui le mène au bonheur; comment l'organisation parfaite d'une société devient une fabrique de merveilleux sadiques; comment l'urbanisme technologique attire les damnés de la terre qui s'y installent avec leurs processus archaïques de socialisation par la violence ; et comment ce nouvel univers façonne le cerveau des enfants qui s'y développent.

La conscience n'est plus ce qu'elle était. Les neurones créent un lien biologique dans le vide entre deux personnes ; les nouvelles galaxies affectives sculptent des formes étranges dans la pâte à modeler de nos cerveaux ; les déterminants humains sont si nombreux et de nature si variée que la durée d'une existence leur donne à peine le temps d'émerger. Chaque histoire de vie est une aventure humaine unique.

L'amélioration des conditions d'existence grâce à la technologie et aux droits de l'homme rendra peut-être un jour inutiles les couples et les familles. À l'époque où nous vivions dans des milieux naturels peuplés d'animaux qui nous mangeaient, quand le froid nous torturait et le climat nous affamait, le groupe constituait le seul refuge affectif, le seul lieu de sécurité qui permettait de survivre. Depuis que nos progrès techniques contrôlent ces catastrophes naturelles et en ajoutent d'autres, nos sociétés facilitent l'épanouissement des individus au point que le prix de la protection devient exorbitant. Quand on a moins besoin de famille, les enfants bien développés ressentent leur foyer comme un lieu de répression et non plus de protection. Ils perdent ainsi l'effet tranquillisant de l'attachement et, malgré leurs performances améliorées, ils deviennent vulnérables au moindre événement [2].

L'homme n'est plus sacré depuis qu'il n'est plus surnaturel. La technologie a tellement modifié la condition humaine qu'elle a naturalisé son âme. Peut-être même est-ce l'homme qui a donné à Dieu le pouvoir de le sécuri-

2. Susanne C., Rebato E., Chiarelli B. (eds), *op. cit.*, p. 669.

ser en modifiant les circuits biologiques de son cerveau. Son corps n'est plus un destin depuis qu'il ne fabrique plus de social avec son sexe et ses muscles. On ne fait plus l'amour pour mettre au monde une âme mais pour se rencontrer et tisser un lien intime. Le courage des pères, la violence des hommes ne provoquent plus l'admiration de ceux qui en profitaient.

Quand le monde est cruel, c'est la force d'un corps qui permet de l'affronter, mais, quand la culture l'adoucit, c'est la bonté d'une âme qui aide à se socialiser [3].

« – Les yeux de mon âme et mon corps n'ont pas un différent langage...

– ... mon corps est fait de votre argile [4]. »

C'est pourquoi il ne peut vivre que vêtu d'un manteau de paroles.

3. Shani Y., cité *in* L. Joffrin, préface au *Dialogue interreligieux*, Paris, Dervy, 2003, p. 12.

4. Aragon, *Le Fou d'Elsa*, Paris, Gallimard « Poésie », 1963, p. 160.

TABLE

CHAPITRE I
Les douillets affectifs

CHAPITRE II

Formule chimique du bonheur

CHAPITRE III

Les deux inconscients

CHAPITRE IV
Le souci de l'autre

CHAPITRE V

Mariage de l'histoire et du cerveau âgé

Ouvrage proposé par Gérard Jorland
et publié sous sa responsabilité éditoriale

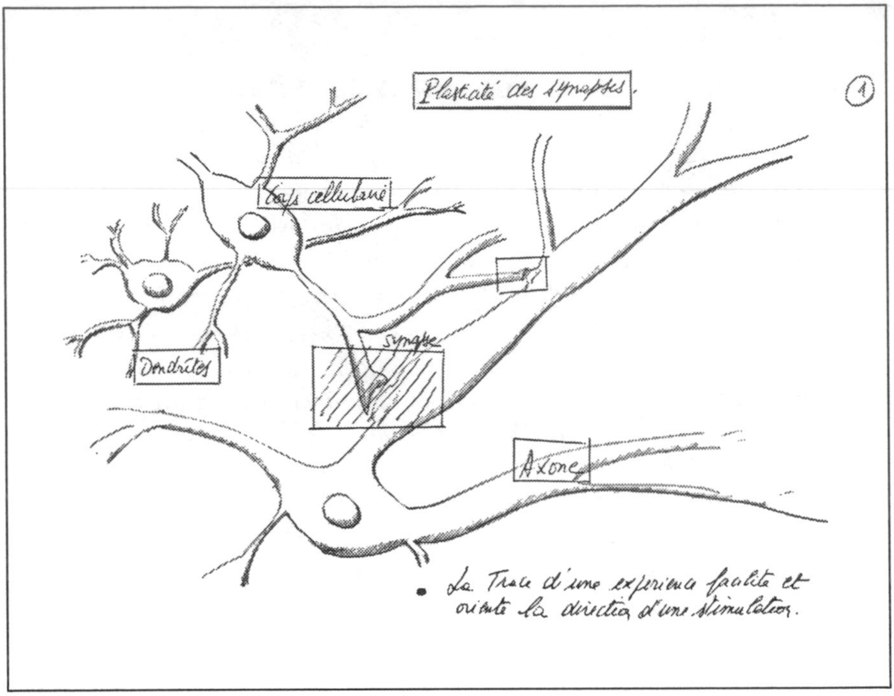

(1)

Plasticité des synapses.

Corps cellulaire

Dendrites

synapse

Axone

• La Trace d'une expérience facilite et oriente la direction d'une stimulation.

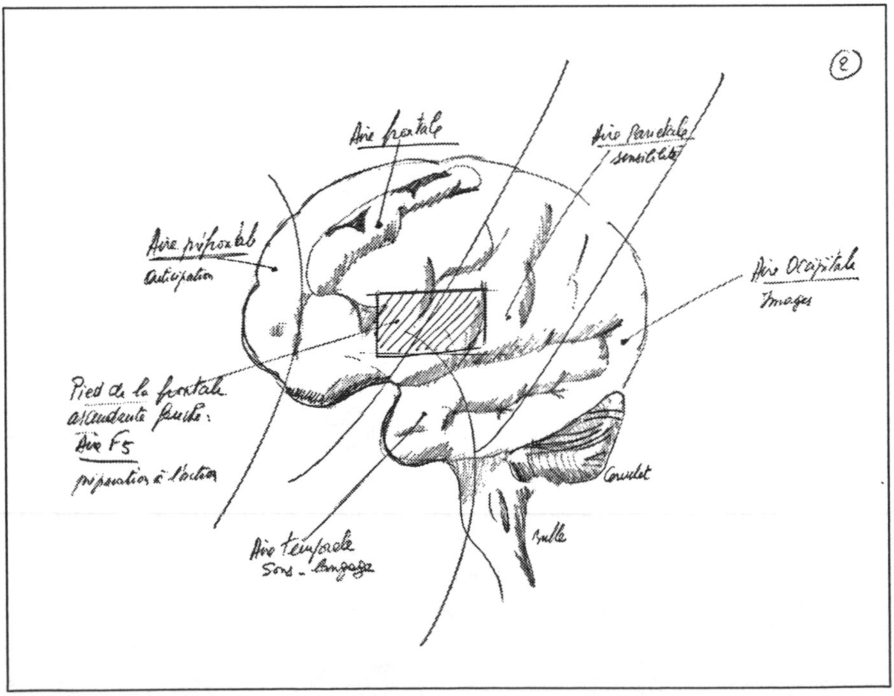

(2)

Aire frontale

Aire pariétale
sensibilité

Aire préfrontale
Anticipation

Aire Occipitale
Images

Pied de la frontale ascendante gauche :
Aire F5
préparation à l'action

Cervelet

Bulbe

Aire temporale
Sons – langage

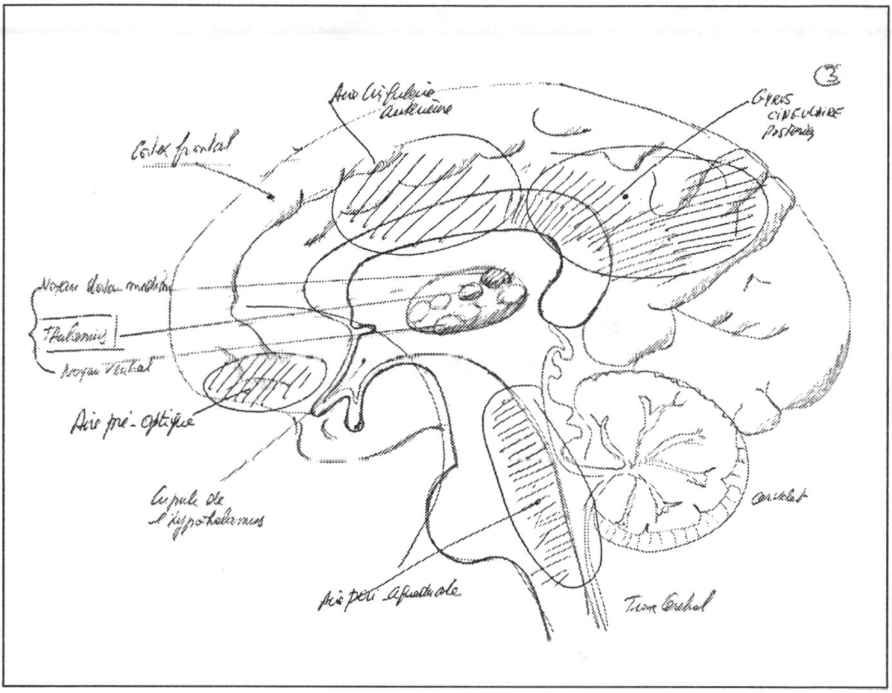

③

Aire cingulaire antérieure

Gyrus cingulaire postérieur

Cortex frontal

Noyau dorso-médian

Thalamus

Noyau ventral

Aire pré-optique

Cupule de l'hypothalamus

Cervelet

Aire péri-aqueducale

Tronc cérébral

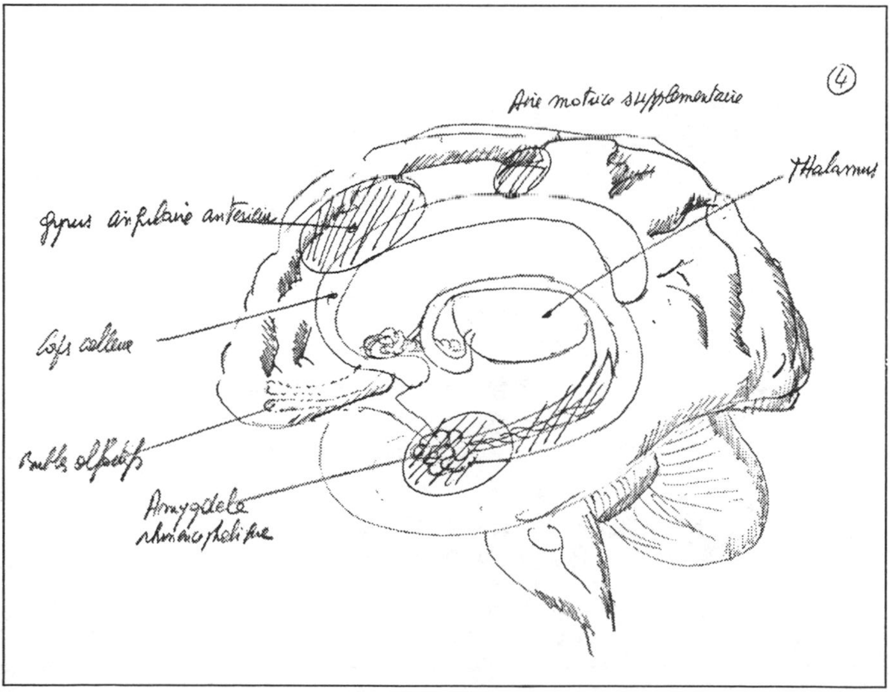

④

Aire motrice supplémentaire

Thalamus

Gyrus cingulaire antérieur

Corps calleux

Bulbes olfactifs

Amygdale rhinencéphalique

Cet ouvrage a été imprimé par

FIRMIN DIDOT

GROUPE CPI

Mesnil-sur-l'Estrée

pour le compte des Éditions Odile Jacob
en novembre 2006

N° d'édition : 7381-1841-6 - N° d'impression : 82238
Dépôt légal : septembre 2006

Imprimé en France